Beck'sche Reihe

BsR 1041

BsR

Die grundlegenden Machtstrukturen politischer Gemeinschaften, einschließlich der handlungsleitenden Ideen, finden ihren griffigsten Ausdruck in geschriebenen und ungeschriebenen Verfassungen. In diesen wird auch der wechselvolle Lernprozeß sichtbar, in welchem Völker versuchen, gewaltsame Konfliktslösungen durch friedensichernde Ordnungen zu ersetzen. Zugleich galt es, die ordnungstiftenden Gewalten unter freiheitsichernde Kontrollen zu bringen. Über die wichtigsten verfassungsrechtlichen Gestaltungsformen, welche die deutsche Geschichte hervorgebracht hat, über einige ihrer Bedingtheiten und ihren Wandel wird hier berichtet.

Reinhold Zippelius ist Professor für Rechtsphilosophie und öffentliches Recht an der Universität Erlangen-Nürnberg und Mitglied der Akademie der Wissenschaften und der Literatur in Mainz. Veröffentlichungen: Allgemeine Staatslehre (12. Aufl. 1994, Übersetzungen ins Portugiesische und Spanische); Das Wesen des Rechts. Eine Einführung in die Rechtsphilosophie (5. Aufl. 1997); Geschichte der Staatsideen (9. Aufl. 1994); Rechtsphilosophie (3. Aufl. 1994); Grundbegriffe der Rechts- und Staatssoziologie (2. Aufl. 1991); Juristische Methodenlehre (6. Aufl. 1994); Recht und Gerechtigkeit in der offenen Gesellschaft (2. Aufl. 1996); Staat und Kirche. Eine Geschichte von der Antike bis zur Gegenwart (1997); Deutsches Staatsrecht (29. Aufl. 1994; vormals gemeinsam mit Theodor Maunz †).

REINHOLD ZIPPELIUS

Kleine deutsche Verfassungsgeschichte

Vom frühen Mittelalter bis zur Gegenwart

Vierte, verbesserte Auflage

VERLAG C.H.BECK

Die Deutsche Bibliothek – CIP Einheitsaufnahme

Zippelius, Reinhold:
Kleine deutsche Verfassungsgeschichte: vom frühen Mittelalter bis zur Gegenwart/Reinhold Zippelius. – Orig.-Ausg., 4., verb. Aufl. – München: Beck, 1998
(Beck'sche Reihe ; 1041)
ISBN 3 406 43941 1
NE: GT

Originalausgabe
ISBN 3 406 43941 1

4., verbesserte Auflage. 1998
Umschlagentwurf: Uwe Göbel, München

Gesamtherstellung: C. H. Beck'sche Buchdruckerei, Nördlingen
Gedruckt auf säurefreiem, alterungsbeständigem Papier
(hergestellt aus chlorfrei gebleichtem Zellstoff)
Printed in Germany

Vorwort

Im Laufe der Geschichte bilden sich vielgestaltige politische Machtstrukturen heraus und finden ihre rechtliche Ausformung in geschriebenen oder ungeschriebenen Verfassungen: das heißt in Grundnormen über das Zusammenleben als politische Gemeinschaft. In diesen werden im Wandel der politischen Machtgefüge immer wieder rechtsverbindliche Zwischenbilanzen gezogen.

Verfassungen sind vor allem die praktizierten Regeln darüber, welches die obersten Organe der politischen Gemeinschaft sind: wie diese bestellt werden, welche rechtlichen Aufgaben und Befugnisse sie haben, wie sie verfahren und zusammenwirken. Aber auch andere fundamentale, z. B. föderative Strukturen des politischen Gemeinwesens finden ihre normative Ausformung in der Verfassung. Zu dieser gehören ferner die Grundbestimmungen über die Stellung der Einzelnen in der politischen Gemeinschaft, insbesondere über die Ausgestaltung – etwa die ständische Bedingtheit – ihrer politischen Rechte und über Begrenzungen der Regelungsgewalt durch Grundrechte. Teil der Verfassungsordnung sind nicht zuletzt die wesentlichen Rechtsgrundsätze und Staatszwecke, die den organisatorischen Normen und den Rechtsgarantien zugrunde liegen.

Machtstrukturen – einschließlich der handlungsleitenden Ideen[1] – haben die normativen Ordnungen nicht nur inhaltlich mitgestaltet. Die Ordnungen des Zusammenlebens waren zuerst oft labil; so hing auch ihre Verwirklichung von den wechselnden Machtverhältnissen ab. Die normativ gesicherte Chance ihrer verläßlichen Durchsetzung, wie sie modernem Verfassungsrecht zu eigen ist, hat sich erst zusammen mit der organisierten Staatlichkeit herausgebildet: Die „Selbstdomesti-

[1] Dazu R. Zippelius, Recht und Gerechtigkeit, 2. Aufl. 1996, Kap. 14.

kation der Menschheit vollzog sich in einem langen geschichtlichen Prozeß.[2]

In der Geschichte der Verfassungen wird auch der wechselvolle Lernprozeß sichtbar, in welchem Völker versuchen, gewaltsame Konfliktslösungen durch friedensichernde Ordnungen zu ersetzen. Zugleich galt es, die ordnungstiftenden Gewalten unter freiheitsichernde Kontrollen zu bringen. Am Ende gibt nicht die Philosophie, sondern die Verfassungsgeschichte darüber Auskunft, ob und in welchem Maße das gelingt und sich die Hoffnung Kants erfüllt, daß die Menschen in ihrer ungeselligen Geselligkeit ihre gegenseitigen Beziehungen fortschreitend in vernünftigere Ordnungen bringen.

Über die wichtigsten verfassungsrechtlichen Gestaltungsformen, welche die deutsche Geschichte hervorgebracht hat, über einige ihrer Bedingtheiten und ihren Wandel wird hier aus der Sicht des Staatsrechtlers berichtet.

Angesichts der Überfülle an Literatur, die zu den einzelnen Abschnitten vorhanden ist, habe ich in der folgenden, kurzen Darstellung keine detaillierten Literaturnachweise, sondern nur Fundstellen für diese Nachweise angegeben, und zwar, trotz gelegentlicher Kritik, auch ältere Fundstellen zu oft noch ergiebigen Publikationen.

Für wertvolle Hilfe bei der Bearbeitung des Textes habe ich wieder Frau Brigitte Schulze zu danken.

Erlangen, im Dezember 1997 R. Zippelius

[2] R. Zippelius, Rechtsphilosophie, 3. Aufl. 1994, § 5 IV 2.

Inhalt

Kapitel 1. Verfassungsinstitutionen der germanischen und fränkischen Zeit

Kapitel 2. Verfassungsinstitutionen des Heiligen Römischen Reichs

Kapitel 3. Verfassungsentwicklungen im neunzehnten Jahrhundert

Kapitel 4. Verfassungsentwicklungen seit dem Ersten Weltkrieg

Kapitel 1

Verfassungsinstitutionen der germanischen und fränkischen Zeit

§ 1. Geschichtlicher Überblick

In historischer Zeit hatten die Germanen die Kulturstufe eines Sammler- und Jägervolkes bereits überschritten. Schon in der jüngeren Steinzeit trieben sie Viehzucht und Ackerbau. Ihre Wohnsitze lagen im südlichen Skandinavien, auf den dänischen Inseln, in Jütland, Schleswig-Holstein und dem anschließenden Tiefland zwischen den Unterläufen von Weser und Oder. Von hier aus breiteten sie sich nach Westen hin zunächst zum Rhein und östlich bis über die Weichsel aus. Um die Zeit des Augustus hatten einige Stämme die Donau im Süden erreicht.

Es liegt nahe, daß sich vor allem bei solchen Wanderungen sippenübergreifende Volksverbände herausbildeten. Sie waren noch unvollkommene politische Einheiten, in denen viele Aufgaben den Sippen oder anderen Teilverbänden zur Selbstregelung und Selbstverwaltung überlassen waren.

Das fränkische Reich nahm seinen Ausgang vom Stamm der Salfranken, die im Gebiet der späteren Niederlande siedelten. Einer der fränkischen Kleinkönige, Chlodwig aus Doornik, besiegte 486 bei Soissons Syagrius, einen der Machthaber in der vormaligen römischen Provinz Gallien, und unterwarf sich dieses bis zur Loire. Um 496 siegte er – nach ungesicherter Überlieferung bei Zülpich – über die Alemannen und machte sie abhängig. Durch die Schlacht von Vouglé (507) und in späteren Feldzügen gewann er das Westgotenreich (das Reich von Tolosa) bis zur Garonne (südlich davon existierte das Westgotenreich als das Reich von Toledo fort). Nach Beseitigung der übrigen fränkischen Teilkönige war Chlodwig Herrscher über ein fränkisches Reich, das von der Garonne bis zur Fulda reichte und dessen Verwaltungsmittelpunkt Paris war. Seine Söhne unterwarfen 531 die Thüringer und 532/534 die Burgunder.

Als zweihundert Jahre später die Ausbreitung des Islams Spanien erreicht hatte und die Araber über Spanien hinaus gegen das Frankenreich andrängten, besiegte sie Karl Martell, der Hausmeier der Merowinger, zwischen Tours und Poitiers (732) und gebot ihrem Vordringen Einhalt. Seine Söhne Karlmann und Pippin warfen Aufstände in Schwaben und Bayern nieder; Karlmann hob nach 746 das Herzogtum in Schwaben auf; der Bayernherzog Tassilo leistete 757 Pippin den Vasalleneid.

Karl der Große vollendete die von Chlodwig und Karl Martell angebahnte Staatsschöpfung. Nach seinem Sieg über den Langobardenkönig Desiderius ließ er sich 774 zum König der Langobarden wählen und führte von da an den Titel eines „Rex Francorum et Langobardorum". In langwierigen Feldzügen unterwarf er die Sachsen. Er beseitigte 788 das bayerische Stammesherzogtum, wehrte im Osten Slawen und Awaren ab und eroberte und sicherte im Südwesten des Frankenreiches die Spanische Mark. Die Zeitgenossen sahen das römische Weltreich in neuer Gestalt wieder erstehen. Ihren sichtbaren Ausdruck fand diese Vorstellung in der Krönung Karls des Großen zum römischen Kaiser am ersten Weihnachtstag des Jahres 800.

Mit der Ausbreitung des Frankenreichs auf romanische Volksgebiete war dieses zu einem germanisch-romanischen Gemeinwesen geworden. Gefördert wurde diese Entwicklung dadurch, daß die Franken sich schon unter Chlodwig für den katholischen Glauben der romanischen Volksteile entschieden (s.u. § 5 II).

Die sich entwickelnde fränkische Reichsverwaltung wurde in beachtlichem Ausmaß durch die Übernahme römischer Einrichtungen und Verwaltungsgepflogenheiten geprägt (s.u. § 2 II).

Von tiefem Einfluß auf die Verfassungsentwicklung Mittel- und Westeuropas war auch die Ausgestaltung des fränkischen Thronfolgerechts (s.u. § 3 I): Die Königswürde wurde durch Erbfolge im Mannesstamm übertragen – wenn mehrere erbberechtigte Glieder der Dynastie vorhanden waren, zu gleichen

Teilen. Das führte zu einer Teilung der Reichsverwaltung zu gleichem Recht. Später suchte Ludwig der Fromme in der ordinatio imperii von 817 einen Kompromiß zwischen dem fränkischen Teilungsprinzip und dem Interesse, die Einheit der Herrschaftsgewalt zu erhalten. Dort war eine Teilung zu ungleichem Recht vorgesehen; doch auch dieser Versuch scheiterte.

Im Vertrag von Verdun (843) setzte sich das Teilungsprinzip wieder voll durch: Karl der Kahle erhielt Westfranken, Ludwig der Deutsche Ostfranken und Lothar I. das mittlere Frankenreich, durch das die Sprachgrenze lief. Dieses wurde nach dem Tod Lothars I. (855) unter dessen Söhnen geteilt; hierbei behielt Ludwig II. das ihm schon zuvor zugewiesene Langobardenreich, Karl erhielt Burgund und die Provence und Lothar II. das Gebiet zwischen Nordsee und Burgund. Dieses Gebiet kam nach Lothars II. Tod durch den Vertrag von Meerssen (870) teils zum ostfränkischen, teils zum westfränkischen Reich, und zwar etwa entsprechend den nationalen Grenzen. Eine nochmalige Korrektur brachte der Vertrag von Ribemont (880). Die hierbei gefundene Abgrenzung blieb im wesentlichen während des ganzen Mittelalters die Grenze zwischen Deutschland und Frankreich.

Literaturnachweise in: Meister, S. 26 ff.; *Mitteis/Lieberich,* Kap. 11; *Conrad,* I S. 7; *Willoweit,* §§ 4, 5, 6.

§ 2. Volk und Verfassung in germanischer Zeit

I. Das Volk und die Stände

Den engeren Familienverband bildeten bei den Germanen die von einem gemeinsamen Ahnen abstammenden Männer, die „Speer- oder Schwertmagen". Zur Sippschaft oder Magschaft im weiteren Sinne gehörten auch die blutsverwandten Frauen – die „Spindel- oder Kunkelmagen" – und deren Ehemänner. Die Sippe verteidigte ihre Mitglieder gegen Angriffe und übte die Rache. Wurde ein Sippengenosse getötet, so konnte sie entweder gegen die Sippe des Totschlägers Fehde führen oder mit dieser Sippe einen Sühnevertrag schließen. Hielt eine Sippe einen Genossen nicht mehr für wert, ihr anzugehören, so konnte sie ihn ausschließen, ihn damit ihrem Rechtsschutz entziehen und friedlos stellen.

Das Volk war in Stände – Freie, Knechte und Minderfreie – gegliedert. Tacitus berichtet auch über die Existenz eines Adels (s.u. II). Spätestens in seiner Zeit (um 98 n.Chr.) hatte sich also eine Differenzierung unter den Sippen herausgebildet. Die Knechte waren rechtlos und dienten als Haus- und Hofgesinde oder lebten als angesiedelte Knechte. Knecht wurde man durch Kriegsgefangenschaft, Selbstverknechtung, etwa wegen Zahlungsunfähigkeit, und durch unfreie Geburt. Minderfrei waren Knechte, die in die Halbfreiheit entlassen wurden, und Angehörige meist stammesverwandter Völkerschaften, die sich fremder Schutzherrschaft unterstellt hatten (Liten). Ihre Rechtsstellung war in den verschiedenen Völkerschaften unterschiedlich ausgestaltet. Die Minderfreien waren zwar rechtsfähig, also begrenzt wergeldfähig, aber in der Regel ihren Herren zu Diensten verpflichtet; auch fehlte ihnen zumeist die Freizügigkeit.

Im Hause übte der Hausherr die Hausgewalt aus. Diese erstreckte sich über alle in der Hausgemeinschaft Lebenden: über Frau, Kinder, ledige oder verwitwete Schwestern und das Gesinde. Den Familienangehörigen gegenüber war diese Gewalt aber durch die Sitte und die Sippe beschränkt, die ihre Mitglieder gegen den Hausherrn vor Willkür schützte.

Literaturnachweise in: Meister, S. 8, 64 f.; *v. Schwerin/Thieme,* §§ 6, 7; *Mitteis/Lieberich,* Kap. 4, 6; *Conrad,* I S. 15; *HRG* Artikel: Adel, Hausherrschaft, Laten.

II. Die politische Ordnung

In Anlehnung an die bei den Kelten vorgefundene Ordnung unterschieden römische Schriftsteller auch bei den Germanen civitas und pagus. Civitas bedeutete eine politisch selbständige Völkerschaft, pagus oder Gau eine regionale Untergliederung größerer Völkerschaften. Innerhalb der Gaue bestanden Dorfgemeinschaften.

Wichtigstes Organ des Volkes war das concilium civitatis – das Volksthing (daran erinnern heute noch die „fylkestings" der norwegischen Provinzen) oder die Landsgemeinde – zu der sich die freien Männer des Volkes bewaffnet versammelten. Diese Landsgemeinde trat zu bestimmten Zeiten, gewöhnlich bei Mondwechsel, zusammen und entschied über die wichtigen Angelegenheiten des Volkes (Tacitus, Germania, XI).

Geleitet wurde die Völkerschaft entweder von mehreren Gaufürsten (principes, Häuptlingen) oder von einem König. Auch in Völkerschaften mit Königsverfassung hatten die einzelnen Gaue ihre Häupter, mit denen der König die öffentlichen Angelegenheiten beriet, ehe diese der Landsgemeinde vorgelegt wurden. In Stämmen mit Prinzipatsverfassung bereiteten die Häupter der Gaue die Entscheidungen vor, die der Landsgemeinde vorzulegen waren, und führten die laufenden Geschäfte. Sie und selbst der König besaßen eher ein Vorschlagsrecht als eigentliche Anordnungsgewalt; man schenkte ihnen Gehör je nach Alter, Kriegsruhm oder Beredsamkeit. Mißfiel ein Vorschlag, lehnte die Menge ihn durch Murren ab; um Beifall zu bekunden, schlug man die Speere aneinander (Tacitus, Germania, XI). Wo ein König an der Spitze des Volkes stand, war er dessen Heerführer und oberster Priester. In Völkerschaften mit Prinzipatsverfassung wurde zur Führung des Volksheeres ein Herzog gewählt. Die Krieger der einzelnen Gaue wurden von ihren Häuptern geführt.

Die Königswahl und die Wahl der Gaufürsten und Herzöge war Sache der Landsgemeinde. Der König wurde – ohne feste Erbfolgeordnung – aus einem königlichen Geschlecht gewählt (Tacitus, Germania, VII: „ex nobilitate"). Auch bei der Wahl der Gaufürsten griff die Landsgemeinde auf die angesehenen Geschlechter zurück.

Aufs Ganze gesehen löste allmählich die Königsverfassung die ältere Prinzipatsverfassung ab, zunächst wohl bei den Ostgermanen, also den Goten, Vandalen und Burgundern, später auch bei den Westgermanen, also den Franken, Alemannen und Langobarden, nicht aber bei den Sachsen.

Die Gaufürsten sprachen in ihren Gauen und Dörfern

Recht, wobei ihnen eine Hundertschaft aus dem Volk als Rat und Autorität zur Seite stand (Tacitus, Germania, XII); aus heutiger Sicht lag die Verhandlungsleitung beim Gaufürsten. Der durch ihn erfragte Urteilsvorschlag bedurfte der Zustimmung der Gerichtsgemeinde, um gültig zu werden.

Für alle Freien galt Heerespflicht. Das Heer war ein Volksheer. Seine Gliederung war wohl aus Sippschaftsverbänden hervorgegangen. Die Hauptmacht war das Fußvolk, doch gab es in einzelnen Völkerschaften auch Reiterei. Tacitus (Germania, VI) hob als Kampfverbände Hundertschaften (centenae) hervor, von denen jeder Gau eine stelle, doch sei der Name dieser Verbände nicht mehr als Zahlbegriff, sondern nur noch als Ehrenname zu verstehen.

Vor allem für den Kriegsdienst bildeten sich Gefolgschaften als besondere Dienst- und Treueverhältnisse heraus: Freie Männer begaben sich als Gefolgsleute in den Dienst des Königs oder eines Gaufürsten oder eines durch Ansehen und Reichtum hervorragenden Mannes, schwuren dem Gefolgsherrn Treue und empfingen von ihm Schutz, Unterhalt und Ausrüstung. Sie lebten auch im Frieden in der Umgebung des Gefolgsherrn und gehörten zu seiner Hausgenossenschaft (Tacitus, Germania, XIII–XV).

Schon früh finden sich römische Einflüsse auf die politische Ordnung der Germanen. Vor allem die Könige ostgermanischer Stämme, die im Bereich des Römischen Reiches Staaten gründeten, ließen sich römische Titel und Würden verleihen. Theoderich war nicht nur Gotenkönig, sondern auch von Byzanz bestellter magister militum und patricius für Italien, das nach wie vor als Teil des römischen Imperiums galt. Hier bestand die römische Verwaltungsorganisation, auch die konstantinische Trennung von Zivil- und Militärverwaltung, weiter: Den Römern blieb der Zivildienst, den Goten im Frieden der Heeresdienst vorbehalten. – Die Westgoten gründeten das Reich von Tolosa als Föderaten des römischen Kaisers und wurden in Anknüpfung an das römische Einquartierungssystem angesiedelt; das Ackerland wurde also zwischen Westgoten und Römern aufgeteilt (Lex Visigothorum, X 1, 8). Die römische

Provinzial- und Munizipalverwaltung bestand unter der Leitung der Westgoten fort; diese behielten aber ihre germanische Heeresverfassung vorerst bei. – Das Langobardenreich in Italien wurde zunächst nach den überkommenen germanischen Strukturen organisiert. Später begann auch hier eine Romanisierung der Verwaltung: gefördert durch die Urbanisierung der langobardischen Oberschicht, die es in die Städte zog, aber auch durch den Friedensschluß mit Byzanz (680), nach welchem den Römern römisches Personalrecht zugestanden wurde.

Nicht zuletzt wurde die fränkische Reichsverwaltung durch die Übernahme römischer Einrichtungen und Verwaltungsgepflogenheiten geprägt. Die Franken sickerten aus ihrem Siedlungsraum in das Gebiet der zerbröckelnden römischen Herrschaft ein und fanden auch Zugang zu römischen Verwaltungsämtern, die nach dem Zerfall der Römerherrschaft bestehen blieben. Die Übernahme römischer Einrichtungen verstärkte sich, nachdem Chlodwig große, bisher römisch verwaltete Gebiete hinzuerworben hatte. So wurde nach dem Vorbild spätrömischer Kaiser eine königliche Kanzlei eingerichtet. Nach dem Vorbild römischer Edikte und Dekrete wurden königliche Anordnungen erlassen, aus denen neben dem herkömmlichen Gewohnheitsrecht ein eigenes Recht aus königlicher Initiative entstand (s.u. § 3 I). Auch die Grundherrschaft der fränkischen Zeit knüpfte an gallo-römische Vorbilder an; so verteilten die Grundherren nun den Boden zu „Leiherecht“ an einheimische Hintersassen, die ihnen dafür Zinsen und Fronden zu leisten hatten.

Literaturnachweise in: v. Schwerin/Thieme, §§ 9–11; *Planitz/Eckhardt,* § 12; *Mitteis/Lieberich,* Kap. 7, 8; *Conrad,* 1 S. 20, 24; *HRG* Artikel: Gau, Gefolgschaft, Hundertschaft, Mahal, Mallus.

§ 3. Königsamt und Kaiserwürde im Frankenreich

I. Das Königsamt

Im fränkischen Reich wandelte sich das germanische Volkskönigtum. Im Gefolge der Eroberungen erhöhte sich die königliche Macht. Dahin wirkte nicht nur die mit ihnen verbundene „Militarisierung“ des Lebens. Mit den gallo-römischen Gebieten wurde auch eine Bevölkerung hinzugewonnen, die aus der Zeit des römischen Imperiums ein Regime aus der Machtvollkommenheit des Herrschers gewohnt war. Zudem stärkten die römischen Verwaltungseinrichtungen in den romanischen Gebieten die Königsmacht. In deren Dienst wurde später auch der Einfluß der katholischen Kirche gezogen. Ferner lieferte das durch die Eroberungen mächtig gewachsene Krongut Mittel, um das königliche Beamtentum und die königliche Gefolgschaft zu vermehren. Als die Macht der Merowingerkönige verfiel, gelang es den Inhabern des wichtigsten Hofamtes – des Hausmeieramtes – die königlichen Befugnisse an sich zu ziehen, bis schließlich dem Hausmeier Pippin dem Kleinen auch die Königswürde übertragen wurde.

Schon in germanischer Zeit mischten sich Geblütsrecht und Wahlrecht bei der Bestellung eines Königs. Dieser wurde aus königlicher Sippe gewählt. Mitunter findet sich damals bereits eine Designation des Nachfolgers durch den König. Chlodwigs Nachfolger gewannen ihr Amt durch Erbfolge. Durch den späteren Verfall der Königsgewalt gewann das Wahlrecht wieder an Bedeutung; so wurde Pippin, der den letzten Merowinger ablöste, im Jahr 751 durch Wahl zum König erhoben. Die Königswahl seiner Söhne Karlmann und Karl im Jahr 768 und die Zustimmung des fränkischen Volkes zur Alleinherrschaft Karls des Großen im Jahre 771 wiederum waren bloß bestätigender Natur. Auch bei den folgenden Reichsteilungen überwog das Erbprinzip. Aber nach der Absetzung Karls des Dicken wurde Arnulf von den bayerischen, fränkischen und sächsischen Großen zum König gewählt (§ 6). Kurz, das Wahlprinzip gewann immer dann an Gewicht, wenn eine Dynastie ausstarb oder ihrem Herrscheramt nicht gerecht wurde (s.u. § 8).

Der Antritt des Königsamtes geschah bei den Merowingern – in Anlehnung an die germanische Schilderhebung – durch feierliche Thronerhebung. Für manche merowingischen Könige ist eine Umfahrt im Reich – zum Zeichen der Besitzergreifung – bezeugt. (Später wurden – seit Heinrich II. bis hin zu Konrad III. – königliche Umritte im Reich als Zeichen des Herrschaftsantritts Brauch.) Als Zeremonie der Königserhebung wurde, vermutlich seit Pippin, die Krönung üblich, daneben seit Pippin die geistliche Salbung nach biblischen Vorbildern; sie mochte bei Pippin wohl auch den Mangel an angeborenem königlichen Charisma kompensieren.

Dem König gegenüber bestand eine Treuepflicht. Zu seinen Königsrechten gehörten vor allem die folgenden:

1. Er führte das Heer und bot die Heerpflichtigen auf (Heerbann).
2. Er war zuständig, den inneren Frieden zu bewahren, und konnte unter den Königsschutz auch Personen stellen, denen der überkommene Schutz durch eine Sippe fehlte.
3. Er hatte die oberste Gerichtsgewalt.
4. Er besetzte die Bischofsämter und berief die Synoden ein.

Wichtiges Instrument seiner Königsherrschaft war der Königsbann, also das Recht, unter bestimmten Voraussetzungen bei Strafe zu gebieten und zu verbieten. Nach römischem Vorbild wurden schon in der Merowingerzeit edicta, decreta oder praecepta erlassen. In der Karolingerzeit bürgerte sich der Ausdruck „capitularia“ ein: für Anordnungen unterschiedlichen Inhalts, die gewöhnlich in „capitula“ gegliedert waren. Der Geltungsgrund der königlichen Kapitularien ist umstritten. Plausibel ist die Annahme, daß die überkommene Legitimation aus Konsens grundsätzlich weitergalt, daß aber der Konsens des Volkes – d. h. der Großen, die es repräsentierten – je nach den Machtverhältnissen einen bald mehr, bald weniger gewichtigen eigenen Faktor im Kräftespiel mit der Königsherrschaft bildete. Mittels der Edikte, Dekrete und Kapitularien entstand – neben dem altherkömmlichen Gewohnheitsrecht –

ein eigenes Recht aus königlicher Initiative. Eine Sammlung der Kapitularien Karls des Großen und Ludwigs I. wurde im Jahre 827 von Abt Ansegis von Fontanella veranstaltet, die bald das Ansehen einer amtlichen Sammlung gewann.

Literaturnachweise in: v. Schwerin/Thieme, §§ 21–23; *Mitteis/Lieberich,* Kap. 13; *Conrad,* I S. 101 f.; *Willoweit,* § 5; *HRG* Artikel: Heerbann, Huldigung, Kapitularien, Königsbann, Königsfrieden, Königsrecht, Königswahl, Krönung, Salbung, Schilderhebung, Thronerhebung, Thronfolge, Umfahrt, Umritt.

II. Die Kaiserwürde

Papst Leo III. war, schwer bedrängt von seinen Gegnern in Rom, im Jahre 799 nach Paderborn gekommen, um die Hilfe Karls zu erbitten. Dieser zog im folgenden Jahr als Schutzherr der Kirche (dazu unten) nach Rom, wo der Papst einen Reinigungseid vor einer Reichsversammlung leistete, an der außer Römern auch Franken und Langobarden teilnahmen. Diese beriet am 23. Dezember mit Zustimmung Karis auch dessen Erhebung zum Kaiser, ohne daß aber deren Modalitäten schon im einzelnen geklärt waren. So mochte es wohl ein Überraschungsakt gewesen sein, als Leo zwei Tage später Karl zum Kaiser krönte. Die Proklamation Karls zum Kaiser, verbunden mit der Akklamation des römischen Volkes, konnte als Erneuerung des weströmischen Kaisertums interpretiert werden (vgl. Digesten 1, 4, 1, pr.). Die Kaiserkrönung konnte damit gerechtfertigt werden, daß die byzantinische Kaiserwitwe Irene ihren Sohn Konstantin VI. hatte blenden lassen und im Jahre 797 selbst den Kaisertitel angenommen hatte. Dies konnte in Rom als rechtswidrige Usurpation angesehen werden, welche die Möglichkeit eröffnete, aus der Autorität des Volkes einen weströmischen Kaiser zu berufen. Die Legitimität der Kaiserwürde Karls blieb unsicher. Im Jahr 802 schickte dieser Gesandte nach Konstantinopel, um auch dort seine Anerkennung als Kaiser zu erwirken. Der Nachfolger Irenes wies diese Ansprüche Karls zurück. Erst Michael I. von Byzanz billigte im Vertrag von Aachen (812) Karl den Kaisertitel zu, doch ohne dessen Verankerung in Rom und die Gleichrangigkeit anzuerkennen. So entstanden das „Zweikaiserproblem" des Mittelalters und der Rangstreit zwischen Ost- und Westrom.

Karl bezog die Kaiserwürde nicht nur auf die von ihm beherrschten Teile des römischen Imperiums, sondern auf das ganze von ihm regierte Reich. Mit der Kaiserwürde verband sich die Advocatie über den Heiligen Stuhl und die christliche Kirche. Sie hatte ihr Vorbild im oströmischen Patriziat über die Kirche, das vom Exarchen zu Ravenna ausgeübt wurde, bis dieses an die Langobarden fiel (751). Papst Stephan II. unterstellte sich 754 dem Schutz Pippins und übertrug ihm – mit welcher Legitimation auch immer – die Würde des patricius Romanorum, eine Würde, die später auch Karl der Große beanspruchte. Mit der Kaiserkrone wuchs diesem dann ohnedies die überkommene imperiale Schutzherrschaft über die Kirche zu. Im Laufe der Jahrhunderte minderte diese sich aber zu einer bloßen Schutzpflicht (s.u. § 17 I).

Die Kaiserkrönung, die byzantinischer Sitte entstammte, wurde bei Karl vom Papst vollzogen. Doch wehrte Karl einen päpstlichen Verleihungsanspruch ab und nannte sich „a Deo coronatus". Das Kaisertum, das zunächst nur als eine persönliche Würde Karls erschien, verband dieser im Jahre 813 mit seinem Geschlecht und dem fränkischen Reich: Er setzte nur mit Zustimmung des versammelten fränkischen Adels und ohne Mitwirkung des Papstes seinen Sohn Ludwig zum gekrönten Mitregenten und Erben des Kaisertitels ein. Ludwig gab der Entwicklung aber eine neue Wendung, als er sich 816, zwei Jahre nach seiner Thronbesteigung, von Papst Stephan IV. in Reims noch einmal krönen und von ihm salben ließ. In ähnlicher Weise vollzog sich später die Erhebung Lothars I. zum Mitkaiser (817) und dessen zweite Krönung (823). Ludwig II. suchte seine Legitimation nur noch in der Krönung und Salbung durch den Papst. Auch die Zerwürfnisse im karolingischen Hause trugen in der folgenden Zeit dazu bei, daß sich die Vorstellung einer päpstlichen Verleihungsgewalt durchsetzte. So erschien seit der Mitte des 9. Jahrhunderts die päpstliche Salbung und Krönung als der Akt, der die Kaiserwürde übertrug.

Literaturnachweise in: Mitteis/Lieberich, Kap. 20; *Conrad,* 1 S. 102; *HRG* Artikel: Karl der Große, Zweikaiserproblem; s. auch unten § 8 III.

§ 4. Organisatorische Strukturen des Frankenreichs

I. Zentrale Institutionen

Oberste Instanz des Reichs war in der merowingischen und in der karolingischen Zeit der König. Dieser hatte keine feste Residenz, sondern hielt Hof in den Pfalzen, die sich in den verschiedenen Teilen des Reichs auf Königsgut befanden.

Zum Hofstaat der Königspfalz, den Paladinen (palatini), gehörten die Inhaber der fränkischen Hausämter: der Kämmerer, der das Finanzwesen des Hofes leitete, der Marschall, der die Aufsicht über die Stallungen und das Transportwesen des Hofes führte und später vor allem militärische Aufgaben wahrnahm, der Schenk, dem die Keller und Weinberge des Hofes anvertraut waren, und der Seneschall oder Truchseß; er war das Haupt der Hofverwaltung und hatte insbesondere für die königliche Tafel zu sorgen. Seine Leitungsbefugnisse wurden später vom Hausmeier (dem maior domus) übernommen, während ihm die hauswirtschaftlichen Funktionen des Amtes überlassen blieben. Andere Hofämter wurden nach Ermessen des Königs geschaffen und besetzt.

An der Spitze des Hofstaates und damit der wichtigsten Repräsentanten des fränkischen Adels stand im Frankenreich der Hausmeier. Er wurde ursprünglich vom König ernannt, eine Zeitlang von den Großen des Reichs ausgewählt und präsentiert, später wurde das Amt im austrasischen Geschlecht der Arnulfinger erblich. Karl Martell führte als Hausmeier faktisch das Regiment im merowingischen Reich. Sein Sohn Pippin ließ sich im Jahre 751 von der Reichsversammlung zum König wählen, schickte den letzten Merowingerkönig ins Kloster und ließ vorsichtshalber das Amt des Hausmeiers erlöschen. Auch die nachfolgenden karolingischen Könige suchten zu verhindern, daß sich erneut ein kräftiges erbliches Zentralbeamtentum herausbildete.

Bei Ausübung der Gerichtsbarkeit konnte der Pfalzgraf den König vertreten. Wichtigstes Hilfsorgan der königlichen Verwaltung war die Hofkanzlei, die in der Merowingerzeit von einem Referendarius, in der Karolingerzeit von einem Kanzler geleitet wurde. An den Aufgaben der Kanzlei wurden vor allem die am Hofe lebenden Geistlichen und an ihrer Leitung der Erzkapellan, das Haupt der Hofkapelle, beteiligt. Unter Ludwig dem Deutschen wurde das Amt des Kanzlers mit dem des Erzkapellans vereinigt (854). Dieses Amt wurde 870 vorübergehend und später durch Otto den Großen dauernd mit dem Erzbistum Mainz verbunden. Die Italien betreffenden Geschäfte übertrug Otto einem besonderen Kanzler, dessen Amt seit 1031 auf Dauer mit dem des Kölner Erzbischofs verbunden wurde. Das Kanzleramt für Burgund lag in der nachkarolingischen Zeit in verschiedenen Händen, wenn auch der Erzbischof von Trier seit 1308 den Anspruch auf dieses Amt und diesen Titel erhob (s.u. § 8 I).

Auf Hoftagen beriet der König wichtige Angelegenheiten mit den Großen des Reichs. In ihnen lag ein wichtiger Keim für spätere ständische Vertretungskörper.

An die Stelle der germanischen Volksversammlungen trat die jährliche Heeresversammlung, die zunächst im März stattfand und daher Märzfeld hieß. Nach der Umstellung auf ein Reiterheer wurde sie seit 755 – wegen der leichteren Futterversorgung – im Mai abgehalten und von da an Maifeld genannt. Die alten Funktionen der Volksversammlung wurden verwässert; immerhin erhielt sich der Brauch, der Heeresversammlung wichtige Entschlüsse mitzuteilen, um womöglich auch deren Zustimmung zu erhalten.

Literaturnachweise in: v. Schwerin/Thieme, § 24; *Conrad,* I S. 102; *Mitteis/Lieberich,* Kap. 14 I.

II. Nachgeordnete Verwaltungseinheiten

Die Einteilung des fränkischen Reiches in Grafschaften oder comitatus folgte im fränkischen Gebiet der überkommenen Gliederung in Gaue (s.o. § 2 II); diese waren in Hundertschaftsbezirke unterteilt, doch ist ungeklärt, ob und inwieweit es sich hier um eine Fortführung germanischer „Hundertschaften“ handelte oder die aus der spätrömischen Militärorganisation stammenden centenae übernommen wurden. In Gallien bot es sich an, die dort vorhandenen römischen civitates als Grafschaftsbezirke zu wählen, die in die römischen centenae und vicariae untergliedert waren. Wir finden auch „Amtsherzöge“ als Häupter von Provinzen, deren Gebiet mehrere Grafschaften umfaßte, und Herzöge als Häupter der angegliederten Stämme in Baiern, Schwaben und Thüringen.

Zur Merowingerzeit wirkten in den vormals römischen Gebieten vom König bestellte comites (comes = Begleiter, Gefolgsmann) daran mit, die Königsgewalt durchzusetzen und vor allem den Rechtsfrieden zu sichern. Auch wuchs ihnen die Gerichtsbarkeit des römischen iudex zu. Ähnliche Funktionen wie die comites erfüllten in den Siedlungsgebieten der Franken die Grafen. Deren ursprüngliche Aufgabe war es wohl, die Heeresaufgebote einzuberufen und zu führen. In der Gerichtsbarkeit wirkten noch die Hundertschaften als Gerichtsgemeinden (s.o. § 2 II). Hier traf die erstarkende Königsgewalt mit alten Volksrechten und mit überkommenen Rechten des Adels zusammen. Die Grafen waren anfangs wohl nur dafür zuständig, die im Thing geprochenen Urteile durchzusetzen; später lösten sie den vom Volk gewählten thunginus auch im Gerichtsvorsitz ab. Neben dem echten, vom Grafen geleiteten Thing gab es für weniger schwerwiegende Fälle ein gebotenes Thing, dem der Centenar des Gerichtsbezirkes vorsaß. Der Graf zog Friedensgelder und Bannbußen ein und übte auch darüber hinaus Ordnungsgewalt aus. Er war für das Finanzwesen zuständig und erhob Abgaben, etwa Maut, Marktzölle und Herdgelder (Grundsteuern).

In der Zeit der Merowinger festigte sich der Grundsatz, daß der Graf („iudex“) aus den Begüterten des Gebietes zu nehmen sei (Edikt Chlotars II. von 614, c. 12). Die Schwächung des Königtums führte auch dazu, daß in einzelnen Teilen des Reichs Herzöge eine weitgehend selbständige Stellung gewannen, zumal dort, wo sie über einen Volksstamm gesetzt waren.

Erst den machtvollen Karolingern gelang es, solchem Verselbständigungsstreben entgegenzutreten und auch das Recht wiederzugewinnen, Grafen ihrer Wahl zu ernennen. Einer zentralen Kontrolle der nachgeordneten Verwaltungseinheiten dienten zur Zeit Karls des Großen die Königsboten (missi dominici). Vorbild war die schon zuvor geübte Praxis, daß der König von Fall zu Fall Bevollmächtigte mit besonderen Aufträgen in einzelne Reichsteile schickte. Unter Karl wurden große Gebiete regelmäßig durch Königsboten – meist einen geistlichen und einen weltlichen – bereist, welche die Amtsführung der Königsbeamten kontrollierten und Gerichtstage hielten.

Mit der Schwächung des Königtums gegen Ende der fränkischen Zeit erstarkte erneut das Stammesherzogtum (s. u. § 6). Auch wurde – zunächst im westfränkischen, später auch im ostfränkischen Reichsteil – die Vererbung der Grafschaft vom Vater auf den Sohn zur Regel.

Literaturnachweise in: v. Schwerin/Thieme, § 25; *Mitteis/Lieberich,* Kap. 14 II; *Conrad,* I S. 113 f.; *HRG* Artikel: Centena, Graf, Grafschaft, Herzog, Herzogtum.

III. Die Heeresverfassung

Im Heereswesen vollzog sich in der fränkischen Zeit eine tiefgreifende Umwandlung des alten Volksheeres. Um die berittenen Araber in Südfrankreich abzuwehren, mußte man die Art der Kriegsführung ändern. So wurde ein beträchtlicher Teil der Fußtruppen durch Reiter ersetzt, und an die Stelle des Volksaufgebotes trat ein Vasallenheer:

Grundsätzlich lastete die Heerespflicht auf allen freien und wehrhaften Männern. Um aber der persönlichen Belastbarkeit gerecht zu werden, setzte sich die Gepflogenheit durch, die Vermögenderen persönlich, die wenig begüterten Freien gruppenweise zum Heer beizuziehen: so, daß die Gruppe einen aus ihrer Mitte zum Heeresdienst abstellte und die übrigen eine Beisteuer leisteten.

Um ein leistungsfähiges Reiterheer zur Abwehr der Araber zu schaffen, vergab Karl Martell auch Kirchengüter an fränkische Große, die ihrerseits durch Weiterverleihung dieser Güter kleinere Vasallen in den Stand setzten, sich zum Reiterdienst auszurüsten. Auf diese Weise bildeten sich – und zwar zunächst im Westen des fränkischen Reiches – Reiterheer und Lehnswesen aus.

Literaturnachweise in: Meister, S. 71 ff.; *v. Schwerin/Thieme,* § 26; *Conrad,* I S. 114; *HRG* Artikel: Heer, Heerbann, Landfolge.

IV. Anfänge des Lehnsstaates

1. Personelle Komponenten

Das Lehnswesen hatte eine personale Komponente in einem Dienst- und Treueverhältnis, der Vasallität. Diese hatte im römischen Bereich eine Wurzel im patrocinium, d.h. darin, daß sich jemand dem Schutz eines Mächtigeren unterstellte: Er verpflichtete sich dem Patron zu Diensten, auch zu Waffendiensten; dieser gewährte ihm dafür Schutz und nahm ihm öffentliche Lasten ab.

Eine andere Wurzel der Vasallität lag in der germanischen Gefolgschaft (s.o. § 2 II). In der Merowingerzeit hatte der König eine Gefolgschaft als Leib- und Ehrenwache. Auch andere große Herren hatten Gefolgsleute, für die sich der Name gasindi oder auch vassi oder vassalli einbürgerte. Diese Gefolgschaft oder Vasallität war ein Schutz- und Dienstverhältnis: Der Vasall schwur dem Gefolgsherrn Treue („commendatio", s.u. § 13) und verpflichtete sich ihm zu Diensten, vor allem zum Kriegsdienst, ohne hierdurch in seiner persönlichen Freiheit geschmälert zu werden. An der Hausgenossenschaft brauchte der Vasall nicht, wie der engere Gefolgsmann, teilzunehmen. Doch mußte er am Hofe erscheinen, wenn der Gefolgsherr ihn zu sich entbot.

2. Dingliche Komponenten

Die Gegenleistung für Vasallendienste bestand in der Regel in einem Lehen, so daß der Vasall auch in dieser Hinsicht als ein abgesicherter Gefolgsmann erschien. Auf diese Weise verschmolzen Benefizialwesen und Vasallität.

Ein Gut zu Lehen geben, hieß, es beschränkt zu vergeben. Ein Modell bot die Verleihung kirchlicher Benefizien: Kirchengüter konnten nach kanonischem Recht nicht zu vollem Eigentum, sondern nur als Leihegut vergeben werden. Die Vergabe als Benefizium begründete ein zeitlich beschränktes Nutzungsrecht des Beliehenen. Es ging nach dessen Tod nicht auf die Erben über, sondern fiel an den Verleiher zurück. Karl Martell und seine Nachfolger vergaben mit diesem kirchenrechtlich gebotenen Vorbehalt Kirchengüter, insbesondere auch dazu, um Reiterheere gegen die andringenden Araber auszustatten. Die Berechtigung hierzu entnahmen sie der germanischen Vorstellung, daß die Kirche unter der königlichen Munt, wenn nicht unter dem eigenkirchlichen Verfügungsrecht des königlichen Grundherrn stehe (s.u. § 5 I).

Die kirchenrechtliche Konstruktion der befristeten Verleihung von Benefizien wurde dann auch für die Vergabe von Königsgut übernommen. Auch hier begründeten Landschenkungen der merowingischen Könige an die Großen des Reichs nur ein beschränktes Eigentum des Beschenkten, wenn sie nicht ausdrücklich zu freiem Eigentum (Allod) geschahen. Das Lehen konnte nur mit Zustimmung des Schenkers weiterveräußert werden.

Da das Lehen auf ein persönliches Dienst- und Treueverhältnis gegründet war, erlosch es folgerichtigerweise mit dem Tode des Beliehenen und mit dem Tode des Verleihers, also bei Mannfall und bei Herrenfall. Sehr früh zeigte sich aber eine Tendenz zur Erblichkeit, genauer gesagt zu einem Leihezwang. Zunächst entwickelte sich die Gepflogenheit, daß bei Herrenfall der Erbe des Herrn dem Lehnsmann und bei Mannfall der Lehnsherr dem Sohn des Verstorbenen die Leihe freiwillig erneuerte. Später verdichtete sich dies zu einer verpflichtenden Gewohnheit (s.u. § 13).

Auch in anderer Weise dehnte sich das Lehnswesen aus. Verliehen wurden nicht mehr nur Besitztümer, sondern seit dem 9. Jahrhundert zunehmend auch Ämter: Da mit vielen Ämtern ein Grundlehen verbunden war, gewannen jene selbst eine eigentumsrechtliche Basis; aber auch die – oft nutzbaren –

Amtsbefugnisse selbst nahmen mehr und mehr den Charakter des Lehens an.

Literaturnachweise in: v. Schwerin/Thieme, § 28; *Planitz/Eckhardt,* § 26; *Mitteis/Lieberich,* Kap. 16; *Conrad,* I S. 114; *HRG* Artikel: Beneficium, Kommendation, Lehnsrecht, Lehnswesen, Trustis regia, Vasallität.

§ 5. Die Stellung der Kirche

I. In den Germanenreichen

Bei den Germanen oblag von alters her die Pflege der Religion dem Gemeinwesen und den Fürsten. Die Christianisierung begann bei den Goten auf dem Balkan, denen ihr Bischof Wulfila (311–383) nicht nur die Bibel übersetzte, sondern auch ihre nationale Schrift schuf. Gleich den Goten übernahmen auch die meisten anderen germanischen Stämme das Christentum arianischer Konfession und stellten sich damit außerhalb der katholischen Glaubensgemeinschaft. Das begünstigte die Bildung arianischer Sonderkirchen als Volkskirchen. Nach der Herausbildung des Königtums standen diese unter dem Regiment des Königs, der wohl die Bischöfe ernannte, die Synoden berief und deren Beschlüsse bestätigte.

Auch das germanische Eigenkirchenwesen beeinflußte die Ausgestaltung der Kirche. Seine Wurzeln vermutet man im altgermanischen, ja indogermanischen Hauspriestertum des Hausherrn, der Familien- und Hofangehörige zum gemeinsamen Gottesdienst, Opfer und Mahl versammelte. Letzte Ausläufer dieser alten Tradition sieht man in der vom Hausvater gehaltenen christlichen Hausandacht im Herrgottswinkel, in den Hofkapellen im hohen Schwarzwald, in den Alpen und in Norwegen. Die heidnischen Heiligtümer standen – mit Zubehör und Einkünften und mit dem Recht, den Priester zu bestellen und abzuberufen – in der Verfügung des Grundherrn. In Fortführung dieser Tradition nahm der Grundherr nun auch das Verfügungsrecht über die auf seinem Grund errichtete Kirche in Anspruch. Ihm stand auch ein priesterliches Amt zu, das er entweder selbst ausüben konnte oder durch einen von ihm bestellten Priester – oft einen Knecht oder Freigelassenen – ausüben ließ.

Das Eigenkirchenwesen ist für die weitere staatskirchenrechtliche Entwicklung bedeutsam geworden: In nicht geringem Maße hat es zu kirchlicher Anarchie, klerikaler Korruption und wirtschaftlicher Ausbeutung kirchlicher Amtsgewalt geführt. Nicht zuletzt deshalb entzündete sich später am Eigenkirchenwesen auch der Streit um die Investitur, darüber also, wem das Recht zustehen sollte, geistliche Ämter zu verleihen (s.u. § 17 1).

Literaturnachweise in: v. Schwerin/Thieme, § 30; *Feine*, §§ 15, 18; *Conrad*, I S. 126f..

II. Im Frankenreich

Für die fränkische Kirche galten die für alle germanischen Stämme gemeinsamen Züge: Der König ist Herr der Volkskirche, errichtet Bistümer, ernennt Bischöfe oder sichert sich wenigstens Einfluß auf die Bischofswahl und beruft die Synoden. Das Eigenkirchenwesen findet weite Verbreitung. Die Geistlichen werden zu Vasallen des Grundherren, die Bischöfe zu Vasallen des Königs.

Dennoch unterschied sich die Christianisierung der Franken in einem wesentlichen Punkt von jener der anderen germanischen Stämme: Die Franken nahmen unter Chlodwig den katholischen Glauben an: nicht den arianischen Glauben der anderen germanischen Christen, sondern das athanasianische Bekenntnis der romanischen Bevölkerung. Das war ein Gebot politischer Klugheit: Es half, den Zwiespalt zwischen den Germanen und den schon katholisierten Romanen zu überwinden; so soll Chlodwig um 498 in Reims durch Bischof Remigius unter dem Jubel der romanischen Christen getauft worden sein. Zugleich erwarb sich Chlodwig in den noch zu erobernden Teilen Galliens – die unter den arianischen Westgoten lebten – Sympathie bei der romanischen Bevölkerung. Und nicht zuletzt brachten die in römisch-katholischer Tradition lebenden Bischöfe einen Grundstock staatlicher und städtischer Verwaltung in das rasch wachsende Frankenreich ein.

Obgleich katholischen Bekenntnisses, behauptete sich aber auch die fränkische Kirche als Volkskirche und wahrte ihre Eigenständigkeit gegenüber Rom. Sie wurde weitgehend vom König regiert, der in Kirchenverfassung und Kirchenverwaltung eingriff. Andererseits betrauten die fränkischen Könige Bischöfe und Äbte in weitem Maße mit staatlichen Aufgaben, sandten sie als Königsboten, räumten ihnen Immunitäten ein, zogen sie als Berater und als Kanzler an den Hof, verpflichteten sie aber demgemäß auch zu Treueid und Hoffahrt.

Wo der König die Bischöfe nicht selbst ernannte, nahm er Einfluß auf die Wahl dieser für Reich und Kirche gleich wichtigen Amtsträger oder behielt sich ihre Bestätigung vor. In dem Maße, wie Bischöfe mit Königsgut ausgestattet wurden und weltliche Ämter übertragen bekamen, mußte das Interesse des Königs an der Auswahl der Bischöfe wachsen. So gerät nach einem ehernen Gesetz die Kirche, wo immer sie an der politischen Gewalt teilhat, auch in politische Abhängigkeiten.

Auch die anderen christianisierten germanischen Völker traten im Laufe der Zeit zum katholischen Glauben über; die weitere Entwicklung stimmte weitgehend mit dem fränkischen Vorbild überein.

Als im Karolingerreich sich das römische Imperium zu erneuern schien, wuchs die fränkische Volkskirche zur Reichskirche heran, die ihr zentrales geistliches Oberhaupt im Papst sah. Noch zu Karl Martells Zeit wurde Bonifatius vom Papst damit betraut, die fränkische Kirche zu reorganisieren und für das übrige deutsche Missionsgebiet die Hierarchie unter dem Papst zu errichten. Nach dem Tode Karl Martells – dessen politischer Sinn sich wohl gegen die päpstlichen Zentralisierungsbestrebungen wehrte – begann Bonifatius in großem Stil mit der Reorganisation der fränkischen Kirche. Nach Beendigung der Reformen übernahm er selber das Bistums Mainz. Im Jahre 748 unterstellte der Papst ihm als Metropoliten alle ostfränkischen und bayerischen Bistümer.

Trotz dieser Zentralisierung der Kirchenorganisation, die

auf den Papst zugeordnet war, konnte unter mächtigen fränkischen Königen wie Karl dem Großen eine päpstliche Gewalt nur insoweit ausgeübt werden, als der König dies zuließ. Unter Karl führte die zunehmende Verflechtung zwischen Kirche und Staat zunächst sogar zu einem gesteigerten Kirchenregiment des Königs (s.o. § 3 II). Dieser leitete persönlich die wichtigen Synoden und nahm Einfluß auf ihre Entscheidungen. Die von ihnen beschlossenen Kirchengesetze wurden erst durch die königliche Sanktion als Kapitularien verbindlich. Karl selbst setzte auch den Ausbau der kirchlichen Organisation fort, errichtete neue Bistümer, vor allem bei den von ihm unterworfenen Sachsen, und baute die Metropolitanverfassung weiter aus.

Karl betraute Bischöfe und Äbte auch mit weltlichen Aufgaben. Sie dienten ihm als Berater, waren in der Hofkanzlei tätig und wurden gemeinsam mit den Grafen als Sendboten verwandt, die mit umfassenden Vollmachten ausgestattet waren. In der königlichen Hofkapelle, in welcher der Pfalzklerus unter einem Erzkaplan zusammengefaßt war, besaß Karl einen eigenen Ausbildungsstab, der ihm eine ausgewählte geistliche Beamtenschaft für hohe Reichsämter auszubilden und zur Verfügung zu stellen hatte.

Seit dem Schwinden der Königsmacht, schon unter Ludwig dem Frommen, verschoben sich aber die Kräfte. Die Synoden gerieten zunehmend unter das Regime des Papstes, und die Kirche schickte sich an, den Vorrang der geistlichen Gewalt vor der weltlichen zu beanspruchen.

Literaturnachweise in: v. Schwerin/Thieme und *Conrad,* wie zu I; *Friedberg,* § 12; *Feine,* §§ 22, 23.

Kapitel 2

Verfassungsinstitutionen des Heiligen Römischen Reichs

§ 6. Geschichtlicher Überblick

Die Grundsätze der fränkischen Thronfolgeordnung hatten schon im Merowingerreich zu Zersplitterungen der Regierungsgewalt geführt und später dazu, daß das Reich Karls des Großen 843 durch den Vertrag von Verdun dreigeteilt wurde. Nach einer nochmaligen, vorübergehenden Vereinigung fast des gesamten Karolingerreiches unter Karl dem Dicken und nach dessen Absetzung im Jahre 887 brach dieses in vier Teile auseinander: das westfränkische und das ostfränkische Reich, Hochburgund und Italien (s.o. § 1). Oberitalien wurde später, unter Otto dem Großen, mit dem ostfränkischen Reich verbunden. 1033 kam auch das Königreich Burgund (Hochburgund mit Besancon und Niederburgund mit Lyon und Arles) – nach dem Tod Rudolfs III. – an das ostfränkische Reich.

Nach dem Zerbrechen des Karolingerreiches im Jahre 887 war im ostfränkischen Reichsteil der Karolinger Arnulf zum König gewählt worden. Auch nach dem Aussterben der ostfränkischen Karolinger im Jahre 911 hielt man an der Einheit des ostfränkischen Reiches fest. Der Frankenherzog Konrad wurde von Franken und Sachsen zum König gewählt, später auch von den Bayern und Schwaben anerkannt. Zu seinem Nachfolger empfahl er den mächtigen Sachsenherzog Heinrich, der dann im Jahre 919 von Sachsen und Franken zum König gewählt wurde.

In sichtbarer Anknüpfung an Karl den Großen ließ sich Heinrichs Sohn und Nachfolger, Otto der Große, 936 in Aachen durch den Erzbischof von Mainz zum König salben und krönen. Im Jahre 962 wurde er durch den Papst zum Kaiser gekrönt. Auch in der Italienpolitik folgte er der karolingischen Tradition. Zur Beilegung des oberitalienischen Herrschaftsstreites zog er im Jahre 951 nach Italien. Er beanspruchte – wie einst Karl – die Würde eines „Rex Francorum et Langobardorum“ (s.o. § 1) und gab einen Teil Oberitaliens Berengar II. zu Lehen. Es lebte auch der Gedanke weiter, daß das römische Imperium unter der Amtsgewalt der Kaiser fortbestehe. So nannte sich Otto II. „Romanorum imperator augustus“. Heinrich III. führte den Titel eines Rex Romanorum (1040) und verband auf diese Weise den Anspruch auf Herrschaft über Italien mit dem deutschen Königtum.

Der Name „Imperium Romanum“ findet sich im Kaisertitel Karls des Großen, urkundlich auch in der königlichen Kanzleisprache unter Konrad II., der Name „Sacrum Imperium“ erst 1157 unter Friedrich Barbarossa, die Wortverbindung „Sacrum Romanum Imperium“ sogar erst seit 1254 (zum Bedeutungsgehalt dieser Namen s.u. § 8 III). Seit dem 15. Jahrhundert bürgerte sich für die deutschen Reichsteile der Zusatz „Deutscher Nation ein.

Am Ausgang der Karolingerzeit hatte sich unter einer schwachen Königsgewalt erneut (s.o. § 4 II) ein starkes Stammesherzogtum gebildet. Otto dem Großen gelang es, dem Selbständigkeitsstreben der Stammesherzöge wirksam zu begegnen, Aufstände der Herzöge erfolgreich niederzuwerfen und die Königsmacht zu stärken. Um einem Stammesherzogtum entgegenzuwirken, übertrug er weltliche Herrschaftsrechte auf Bischöfe und auf Äbte bedeutender Klöster, weil sich hier dank des Zölibats die Amtsgewalten nicht erblich verfestigen konnten. Wegen der Verbindung von weltlicher Gewalt mit geistlichen Ämtern bekam der Anspruch des Königs auf Einsetzung der Bischöfe und Äbte – die Investitur – ein hohes politisches Gewicht. Eine Reichspolitik, die so stark mit der Kirche verflochten war, sich insbesondere auch innenpolitisch weitgehend auf Bischöfe stützte, erforderte, daß der König das Recht der Bischofsernennung hatte. Dieses war aber nur gesichert, wenn er den Vormachtanprüchen des Papsttums wirksam begegnen konnte. Damit war der Grund für den Investiturstreit gelegt, der im folgenden Jahrhundert das Reich erschütterte.

In der Mitte des 11. Jahrhunderts setzte sich eine kirchliche Reformbewegung durch, die sich gegen die Mitwirkung von Laien bei der Besetzung von Kirchenämtern wandte – zunächst gegen die Korruptionen, die sich auf unteren Ebenen aus dem Eigenkirchenwesen ergeben hatten, in der folgenden Zeit zunehmend auch gegen die Investitur von Bischöfen durch den König. Von da an wurde der Papst aus einem Schützling des Königtums zu dessen Gegner. Papst Gregor VII. eröffnete den Kampf durch das Verbot der Laieninvestitur. In den Auseinandersetzungen zwischen Heinrich IV. und Gregor VII. erwies sich das Papsttum als eine dem deutschen Königtum ebenbürtige Macht. Das Wormser Konkordat von 1122 beendete den Investiturstreit durch einen Kompromiß, ließ aber den Gegensatz zwischen Kaisertum und Papsttum noch für Jahrhunderte schwelen. Zeitweise erlangte das Papsttum die politische Führung des christlichen Abendlandes (s.u. § 17 I).

Der Kampf um die politische Führungsrolle brachte es mit sich, daß die Beherrschung Italiens zunehmend zum Zankapfel wurde und Kräfte band. Später führte die Ehe Heinrichs VI. mit der sizilianischen Erbin zu einem zusätzlichen Engagement in Sizilien, das Friedrich II. zum Mittelpunkt seiner Regierungstätigkeit machte. Durch diese Entwicklungen büßte das Königtum die Grundlagen seiner Machtstellung in Deutschland ein. Mehr und mehr schwangen sich hier die hohen Würdenträger des Reichs zu Landesherren ihres Gebietes auf. Sichtbaren Ausdruck fand das in der Confoederatio cum principibus ecclesiasticis (1220), die Friedrich II. mit den geistlichen Fürsten schloß, und im Statutum in favorem principum (1231/32), das von Heinrich VII. mit den Fürsten vereinbart und von Friedrich II. bestätigt wurde. Durch sie begab sich das Reich wichtiger Regalien und bereitete der Entstehung des Territorialfürstentums den Weg.

Nach dem Ende der Stauferzeit (1254) und dem anschließenden Interregnum (1256–1273) verstanden sich dann die

Könige, entgegen verbalen Bekenntnissen, oft nicht mehr als „Mehrer des Reichs", sondern vor allem als Mehrer ihrer territorialfürstlichen Hausmacht: In einer Zeit, in der die Königswahlen von einem Fürstengeschlecht zum anderen wechselten, versprach der König sich einen dauernden Gewinn für sein Geschlecht weniger durch die Sorge um das Reich als durch die Sorge um das Hausgut. Später gewann Österreich durch seine konsequente Hausmachtpolitik eine herausragende Stellung; bei ihm blieben dann seit 1438 (fast) kontinuierlich die deutsche Königskrone und der Kaisertitel.

Das Reich, das im Königtum keinen rechten Halt mehr fand, wurde fortschreitend zu einem föderativen Gebilde, einer „civitas composita", die aus Kurfürstentümern, Fürstentümern, Grafschaften und Reichsstädten bestand. Wohl unterstanden diese Territorialgewalten förmlich der – noch immer vom König repräsentierten – Reichsgewalt, doch wurde diese immer bedeutungsloser, seit die deutschen Fürsten sich zunehmend als Herren ihres Landes (domini terrae) etablierten und verstanden (s. u. § 14 I). So entstand zwischen dem „Reich" und den Territorialgewalten ein labiles Gleichgewicht.

Anläßlich der religiösen Auseinandersetzungen, die im Gefolge von Reformation und Gegenreformation in Deutschland entbrannten, kam es zudem zu massiven Einmischungen ausländischer Mächte in die inneren Angelegenheiten des Reichs. Der Westfälische Friede beendete zwar den Bürgerkrieg, ließ aber die religiösen und politischen Gegensätze bestehen, die ihn hervorgerufen hatten. Er führte nicht nur zu Gebietsverlusten gegenüber Schweden und Frankreich. Er gewährte auch den Reichsständen die Landeshoheit gegenüber dem Reich (s.u. § 14 I). Durch die Verselbständigung der Territorialstaaten war die Reichsgewalt innen- wie außenpolitisch ausgehöhlt und das Reich – etwa gegenüber den Raubkriegen Ludwigs XIV. – in seiner Handlungsfähigkeit geschwächt.

Literaturnachweise zum Namen des Reichs in: *HRG* Artikel: Heiliges Römisches Reich.

§ 7. Quellen des Verfassungsrechts

Wichtige Verfassungsstrukturen des Heiligen Römischen Reichs werden in seinen bedeutendsten Rechtsquellen greifbar. Einzubeziehen sind auch die verfassungsrechtlichen Aussagen der Rechtsbücher, die zwar von Haus aus private Rechtsdarstellungen waren, zum Teil aber – wie vor allem der Sachsenspiegel – gleich einem Gesetzbuch angewandt wurden. Als Quellen in diesem weiten Sinn sind vor allem hervorzuheben:

1. Das Wormser Konkordat vom 23. 9. 1122. Es war der zwischen Heinrich V. und Papst Calixtus II. geschlossene Kompromiß, der den Investiturstreit beilegte: in der Weise, daß man die Verleihung der weltlichen Ämter und Güter von der Verleihung des geistlichen Amtes trennte. Es bestand formell aus zwei Urkunden: dem Calixtinum mit den Zugeständnissen des Papstes und dem Privilegium Henrici, das – hinsichtlich der spiritualia – die Zugeständnisse des Königs enthielt (s.u. § 17 I). Nach der Legende soll Irnerius, der Begründer der Glossatorenschule, Heinrich V. beim Abschluß des Konkordates beraten haben.

2. Die Lehnsgesetze Konrads II. (1037), Lothars III. (1136) und Friedrichs I. (1158) und die – vasallenfreundlichen – Aufzeichnungen der Grundsätze des mittelalterlichen Lehnsrechts in den „Libri Feudorum“, mit denen man um 1100 in der Lombardei begann (s.u. § 13).

3. Die Constitutio de regalibus von 1158. Sie war eines der Gesetze, die Friedrich I. von Rechtsgelehrten aus Bologna – den berühmten „quattuor doctores“, so wird berichtet – und Stadtrichtern vorbereiten und auf dem Reichstag zu Roncaglia beschließen ließ; sie enthielt einen Katalog der königlichen Rechte (iura regalia), die teils dem deutschen, teils dem römischen Recht entnommen waren. Die Constitutio betraf ursprünglich die Regalrechte in Italien, wurde aber später auch in Deutschland rezipiert.

4. Die Confoederatio cum principibus ecclesiasticis von 1220. Sie enthielt Zugeständnisse Friedrichs II. an die geistli-

chen Fürsten – der Preis dafür, daß diese mitwirkten, den Sohn Friedrichs, Heinrich VII., zum deutschen König zu wählen. Dafür wurden ihnen wichtige Regalien – vor allem das Zoll- und das Münzrecht – und die Respektierung ihrer Rechtsprechung gewährleistet, darüber hinaus Vollstreckungshilfe für ihre Urteile und die Verhängung der Reichsacht als Folge des Kirchenbannes zugesagt.

5. Das Statutum in favorem principum. Dieses wurde 1231 Heinrich VII. von den Fürsten auf dem Wormser Reichstag abgerungen und 1232 von Friedrich II. bestätigt. Es erweiterte die Zugeständnisse von 1220, erstreckte diese nun auch auf die weltlichen Fürsten und machte auf solche Weise die Fürsten weitgehend zu Landesherren.

6. Der Mainzer Landfrieden von 1235. Ihn erließ – wie es in der Präambel hieß – Friedrich II. „mit Rat und Zustimmung der lieben geistlichen und weltlichen Reichsfürsten" auf dem Reichstag zu Mainz.

Die Landfrieden sollten das Fehdewesen zurückdrängen und der Rechtsunsicherheit begegnen, die durch solche Selbsthilfe in das Gemeinwesen getragen wurde. Schon in fränkischer Zeit gab es Königsgesetze und – auf Selbstverpflichtung beruhende – Einungen, die diesem Zweck dienten. Im Mittelalter gingen dann von der cluniazensischen Reformbewegung Bestrebungen aus, durch kirchliche Gebote, die mit Kirchenbann bewehrt waren, einen Gottesfrieden einzuführen, auf diese Weise Kirchenraub, Gewalt gegen Kleriker, Pilger, Frauen und andere Wehrlose zu unterbinden (pax Dei) und den allgemeinen Frieden für bestimmte Zeiten im Jahr durchzusetzen (treuga Dei). An diese Traditionen knüpften Landfriedensgesetze und Landfriedenseinungen im Reich und in den Territorien an.

Der Mainzer Landfrieden betraf nicht nur Fehdewesen und Friedensbrüche, sondern noch andere Gegenstände, wie das Zoll- und Münzwesen, das Geleitrecht, die Kirchenvogtei und die Organisation des Hofgerichts. Er enthielt auch den Versuch, wichtige Hoheitsrechte für das Reich zu retten, die kurz zuvor den Fürsten zugestanden worden waren: Diese Rechte sollten den Fürsten nur zur Ausübung verliehen, der Substanz nach aber beim Reiche verblieben sein. Dieser Versuch, einer Verselbständigung der Territorialgewalten Einhalt zu gebieten, scheiterte aber an den politischen Kräfteverhältnissen, wie sie sich nach dem Ende der Stauferzeit entwickelten.

7. Die mittelalterlichen Rechtsbücher. Unter ihnen ist neben den Libri Feudorum vor allem der Sachsenspiegel hervorzuheben, der etwa um 1224–1231 von dem sächsischen Schöffen und Ritter Eike von Repgow verfaßt und in späterer Zeit wie ein Gesetz angewandt wurde. Diese Darstellung des Rechts enthielt auch Aussagen über die Reichsverfassung, insbesondere über die Lehnsordnung (s.u. § 13) und über die Wahl und Thronsetzung des Königs (Landrecht III 52ff.). In Anlehnung an den Sachsenspiegel wurde um 1275 der Schwabenspiegel von einem unbekannten Autor verfaßt und gewann gleichfalls weite Verbreitung.

Um die gleiche Zeit entstanden auch in Nachbarländern ähnliche Sammlungen des überkommenen Rechts, so um 1240 Bractons „De legibus et consuetudinibus Angliae" und um 1283 Philippe de Beaumanoirs „Coutumes de Beauvaisis".

8. Das Gesetz Licet juris von 1338. Es betraf die Frage, ob der von den Kurfürsten gewählte König einer päpstlichen Bestätigung bedürfe, und bestimmte, daß schon die Königswahl Rechte und Titel des Kaisers verleihe (s.u. § 8 III).

9. Die Goldene Bulle von 1356. Sie wurde auf den Reichstagen zu Nürnberg und zu Metz beraten und beschlossen, von Kaiser Karl IV. als Gesetz erlassen und bildete künftig das Grundgesetz des Reichs für die Königswahl und für die Rechtsstellung der Kurfürsten (s.u. § 8 I), enthielt aber auch noch andere Vorschriften, insbesondere über den Landfrieden.

10. Der Ewige Landfrieden von 1495. Er wurde auf dem Reichstag zu Worms erlassen und ist ein Versuch Kaiser Maximilians I. zu einer Reichsreform. Durch die Aufrichtung des Landfriedens sollte jede eigenmächtige Selbsthilfe im Reich – vor allem auch eine Selbsthilfe der Stände gegeneinander – verboten sein. An deren Stelle sollte eine gerichtliche Streitschlichtung treten. Zu diesem Zweck wurde das Reichskammergericht eingerichtet, an dem der Kaiser und die Stände

Anteil haben sollten. Auch dieser Versuch, den Frieden im Reich zu gewährleisten, scheiterte, weil es dem Reich an der Macht fehlte, die Friedensregelung durchzusetzen und die Fehde zu unterbinden.

11. Die Wahlkapitulationen. Sie waren förmliche Zusagen, die anläßlich einer anstehenden Königswahl zwischen den Kurfürsten und dem zu Wählenden vereinbart und nach der Wahl von diesem beschworen wurden. An dieses „Paktieren" konnte sich später die Rechtsfigur der „paktierten Verfassungen" des 19. Jahrhunderts anlehnen (s. u. § 22 I). Förmliche Wahlkapitulationen bürgerten sich seit der Wahl Karls V. im Jahre 1519 ein. Rechtsakte, die gegen die Kapitulation verstießen, sollten wirkungslos sein (Art. XVI des Projekts einer beständigen Wahlkapitulation von 1711). Der Auftrag des Westfälischen Friedens, auf eine ständige Wahlkapitulation hinzuwirken (Art. VIII § 3 IPO), wurde zwar nicht realisiert, doch wurde der wesentliche Inhalt der Kapitulationen fortgeschrieben.

12. Der Augsburger Religionsfrieden von 1555. Durch ihn wurden wichtige staatskirchenrechtliche Folgen der lutherischen Reformation und der daraus hervorgegangen gewaltsamen Auseinandersetzungen geregelt (s. u. § 17 I).

13. Der Westfälische Frieden von 1648. Er war der Friedensvertrag zur Beendigung des Dreißigjährigen Krieges und bestand aus zwei Vertragswerken: den Friedensverträgen von Münster (IPM) und Osnabrück (IPO). Die hier getroffenen Regelungen sollten, wie andere Grundgesetze des Reichs („leges et constitutiones fundamentales imperii"), dem nächsten Reichsabschied einverleibt werden (Art. XVII § 2 IPO), was durch den Jüngsten Reichsabschied von 1654 (§§ 4–6) geschah. Durch diese Bestimmungen wurde den Reichsständen die volle Territorialhoheit gegenüber dem Reich in weltlichen und geistlichen Angelegenheiten zugestanden (s.u. § 14 I).

14. Der Hauptschluß der außerordentlichen Reichsdeputation (Reichsdeputationshauptschluß) vom 25. 2. 1803. Er ist das Hauptdokument der territorialen „Flurbereinigung", die nach der Abtretung der linksrheinischen Gebiete an Frankreich zur Entschädigung der Fürsten durchgeführt wurde (s. u. § 18 I).

§ 8. Königsamt und Kaiserwürde

I. Erlangung der Königswürde

Die Königswürde wurde durch Wahl und Abkunft erlangt. Schon in germanischer Zeit war die Wahl des Königs nicht frei, sondern an das Geblütsrecht gebunden. Je nach den Machtverhältnissen und dem Vorhandensein eines geeigneten Anwärters kamen der Abkunft und dem Wahlrecht wechselndes Gewicht zu. So trat in der Karolingerzeit die Bedeutung der Wahl vorübergehend zurück zugunsten des Rechts des Königs, seinen Nachfolger zu designieren. Aber schon gegen Ende der Karolingerzeit gewann die Wahl wieder an Gewicht (s.o. § 3 I). Später, während der Auseinandersetzungen zwischen Heinrich IV. und Gregor VII., proklamierte die Fürstenopposition – im Zusammenhang mit der Wahl Rudolfs von Schwaben zum Gegenkönig – die Freiheit der Königswahl; aber noch unter Heinrich IV. kehrte die Praxis zum Geblütsrecht zurück. In der Stauferzeit scheiterte Heinrich VI. mit dem Versuch, die Krone in seinem Hause erblich zu machen. Nach dem Interregnum (1256–1273) finden wir dann ein ausgeprägtes Wahlkönigtum, eine Zeit „springender Wahlen“, in der Habsburger, Luxemburger und Wittelsbacher mit wechselndem Erfolg nach der Königskrone strebten. Im Jahre 1400 wurde gegenüber Wenzel sogar noch einmal der Anspruch der Königswähler praktiziert, den König aus triftigem Grund wieder abzusetzen. Seit der Wahl Albrechts II. (1438) stabilisierte sich wieder das dynastische Prinzip, wurden – mit kurzer Unterbrechung (1740–1764) – die deutschen Könige kontinuierlich aus dem habsburgischen Hause gewählt.

Wahlgremium war in germanischer Zeit das Volk. Auch im Mittelalter fand sich hier und dort noch (oder wieder) der Gedanke, daß die Regierenden von allen gewählt werden sollten (Thomas von Aquin, Summa theologica I II 105, 1; Marsilius von Padua, Defensor Pacis, I 9 § 7, I 15 § 2). In der Praxis wählten den König aber die weltlichen und geistlichen Fürsten – anfangs einschließlich der Grafen. Stand die Person des zu

Wählenden nicht von vornherein fest, so fand eine Vorauswahl statt, bei der sich die Großen über die Person des künftigen Königs einigten. Feste Regeln, nach denen der König zu küren war, gab es bis zum Ende des 12. Jahrhunderts nicht. Früh trat die besondere Rolle des Erzbischofs von Mainz hervor, dem die Leitung der Wahl zukam (dazu die Goldene Bulle c. IV 2). Nach dem Sachsenspiegel (Landrecht III 57 § 2) sollten zuerst die Erzbischöfe von Mainz, Köln und Trier, der Pfalzgraf bei Rhein (des Reiches Truchseß), der Herzog von Sachsen (des Reiches Marschall) und der Markgraf von Brandenburg (des Reiches Kämmerer) – die Inhaber der Erzämter – und dann die übrigen Fürsten den König küren, und zwar nicht „nach ihrem Mutwillen, sondern wen die Fürsten und alle" (zuvor) zum König erwählt hatten. Der König von Böhmen (des Reiches Schenk) sollte nach der Darstellung des Sachsenspiegels – weil angeblich kein deutscher Fürst – kein Kurrecht haben, doch nahm er schon 1237 als Kurfürst an der Wahl Konrads IV. teil. In der folgenden Praxis (deutlich seit der Doppelwahl von 1257) wurden „die ersten an der Kür" die ausschließlichen Wähler, und das Wahlrecht der übrigen Fürsten entfiel.

Im Jahre 1356 sanktionierte die Goldene Bulle die Ergebnisse dieser Entwicklung. Nach ihr gab es sieben Kurfürsten: die Erzkanzler (s. o. § 4 I) – nämlich den Erzbischof von Mainz (als Erzkanzler für Deutschland), den Erzbischof von Köln (als Erzkanzler für Italien), den Erzbischof von Trier (als Erzkanzler für Burgund) – und die Inhaber der anderen Erzämter: den König von Böhmen, den Pfalzgrafen bei Rhein, den Herzog von Sachsen und den Markgrafen von Brandenburg. Gewählt war – wie schon der Kurverein von Rhense 1338 beschlossen hatte (s. u. III.) – wer die Mehrheit der Kurstimmen gewann, und es genügte, wenn nur diese Mehrheit bei der Wahl zugegen war (Goldene Bulle c. II 4).

Die Kurfürsten genossen das privilegium de non evocando et de non appellando; hiernach konnte kein Untertan eines Kurfürsten vor ein königliches Gericht geladen werden oder dorthin appellieren, es sei denn, daß ihm das Recht verweigert worden wäre (s. u. § 10 I).

Um eine Teilung der Kurstimmen zu verhindern, wurde die Unteilbarkeit und Unveräußerlichkeit der Kurfürstentümer und die Vererbung im Mannesstamm nach Primogeniturrecht verfügt (Goldene Bulle c. VII, XX und XXV). Dennoch brachte der Lauf der Geschichte manchen Wechsel und manche Wandlung. Als Folge des Schmalkaldischen Krieges ging 1547 die sächsische Kurwürde von der ernestinischen auf die albertinische Linie über. Die pfälzische Kur wurde im Dreißigjährigen Krieg – nach der Ächtung des Winterkönigs – auf den Herzog von Bayern übertragen (1623). Im Westfälischen Frieden (1648) wurde eine achte Kurstimme geschaffen und damit eine pfälzische Kurwürde wiederhergestellt (Art. IV § 5 IPO). 1692 verlieh der Kaiser eine neunte Kurstimme an den Herzog von Braunschweig-Kalenberg (Hannover), die aber erst 1708 von den übrigen Kurfürsten anerkannt wurde.

Schon Könige des Mittelalters gaben im Zusammenhang mit ihrer Königswahl Wahlversprechen ab. Seit der Wahl Karls V. war es Übung, dem König vor der Wahl Wahlkapitulationen abzuverlangen, die seine Rechte und Pflichten umrissen (s.o. § 7). Die Ausarbeitung dieser Kapitulationen lag in den Händen des Kurfürstenkollegiums.

Seit 1257 wurde es üblich, den König in Frankfurt am Main zu wählen; Krönungsort war jahrhundertelang Aachen (dazu die Goldene Bulle c. XXIX 1). Mit Krönung und Salbung (s.o. § 3 I) verbunden war die Übergabe der Reichsinsignien und die Inthronisation auf dem Stuhl Karls des Großen (dazu Sachsenspiegel, Landrecht III 52 § 1). Nach vorangegangenen Rivalitäten unter den Bischöfen wurden die Krönungen (abgesehen von jener Konrads III.) von 1039 an durch den Kölner Erzbischof vollzogen. Seit 1562 fand die Krönung in der Regel am Wahlort statt, nun aber zumeist durch den Erzbischof von Mainz. Nach dem Vorbild der Zeremonie, nach der sich in ottonischer Zeit die Krönung vollzogen hatte (DG I, Nr. 34), folgte dann das Krönungsmahl, bei dem später die weltlichen Kurfürsten die symbolischen Hofdienste von Marschall, Mundschenk, Kämmerer und Truchseß ausübten (dazu die Goldene Bulle c. IV 2 und 3), so wie es Schiller beschrieb:

„Zu Aachen in seiner Kaiserpracht,
Im altertümlichen Saale,
Saß König Rudolfs heilige Macht
Beim festlichen Krönungsmahle.
Die Speisen trug der Pfalzgraf des Rheins,
Es schenkte der Böhme des perlenden Weins,
Und alle die Wähler, die sieben,
Wie der Sterne Chor um die Sonne sich stellt,
Umstanden geschäftig den Herrscher der Welt,
Die Würde des Amtes zu üben."

Ob das Königsamt schon mit der Wahl oder erst mit der Krönung erlangt werde, darüber wechselten die Anschauungen im Laufe der Zeit. Seit Rudolf von Habsburg ging man davon aus, daß die Regierung bereits von der Wahl ab datierte, die Krönung also nur noch Zeremoniell ohne staatsrechtliche Bedeutung war.

Literaturnachweise in: Meister, S. 91 ff., 150 ff.; v. *Schwerin/Thieme,* § 45; *Planitz/Eckhardt,* § 48; *Mitteis/Lieberich,* Kap. 23, 33 IV; *Conrad,* I S. 228 f., II S. 86 f.; *Willoweit,* § 11; *Neuhaus,* S. 6 ff., 21 ff., 86 ff.; *HRG* Artikel: Goldene Bulle, Licet iuris, Wahlkapitulationen, ferner wie zu § 3 I.

II. Königsrechte

Der König war oberster Lehnsherr des Reichs und als solcher berechtigt, seinen Vasallen Hoffahrt und Heerfahrt zu gebieten. Das alte Recht, Lehen einzuziehen, wurde durch die „Erblichkeit" der Lehen wesentlich beschränkt. Auch wurde verhindert, daß sich der König durch Einziehung erledigter Fürstenlehen ein Übergewicht über die Territorialgewalten verschaffte, wie dies dem französischen Königtum im Laufe der Zeit gelang (s. u. § 13).

Auch im Mittelalter war der König Inhaber der obersten Heeresgewalt (des Heerbannes) und der obersten Gerichtsgewalt; diese wurde aber durch das privilegium de non evocando et de non appellando wesentlich beschränkt (s. u. § 10 I). Der König war auch Inhaber wichtiger Regalien (iura regalia = königliche Rechte), wie des Berg-, des Münz-, des Zoll- und des Marktregals, die aber zu einem beträchtlichen Teil später den Landesherren überlassen wurden (s. u. § 14 I).

Nach dem Westfälischen Frieden von 1648 konnten die wichtigsten Hoheitsrechte des Reichsregiments nur noch als kaiserliche Comitialrechte – d. h. nur unter Zustimmung der Reichsstände – ausgeübt werden (Art. VIII § 2 IPO). Die vom Kaiser in eigener Kompetenz auszuübenden Reservatrechte waren gering an Zahl. Im Zweifel sprach die Rechtsvermutung für das Erfordernis einer Mitwirkung des Reichstags. Reservatrechte des Kaisers waren:

1. Die Sanktion und Publikation der Reichsgesetze. Die consulta der Reichsstände wurden durch die kaiserliche Sanktionierung zu Reichsschlüssen (conclusa imperii). Nur durch ein positives Zusammenwirken von Kaiser und Reichstag kam also ein Gesetz zustande.
2. Die dem König verbliebene oberste Gerichtsgewalt. Diese wurde durch den Reichshofrat ausgeübt (s. u. § 10 II).
3. Die völkerrechtliche Vertretung. Erforderlich war die Zustimmung des Reichstags aber für Kriegserklärungen, Friedensschlüsse und den Abschluß von Bündnissen.
4. Die Ausübung der lehnsherrlichen Rechte, die dem Reich verblieben waren, z. B. die Erhebung in den Adelsstand (zur Erhebung in den Fürstenstand s. u. § 11).
5. Die Besetzung bestimmter Reichsämter.
6. Die Erteilung bestimmter Privilegien, z. B. des Universitätsprivilegs.
7. Die Ausübung sonstiger Regalrechte, die nicht auf die Landesherren übergegangen waren.

Literaturnachweise in: v. Schwerin/Thieme, § 46; *Mitteis/Lieberich,* Kap. 24, 41 I 2; *Conrad,* II S. 87; *Willoweit,* § 12; *Neuhaus,* S. 14 ff.; *HRG* Artikel: Jura reservata.

III. Die Kaiserwürde

Mit der Eroberung des Langobardenreiches hatte Karl der Große die reale Machtbasis für eine Erneuerung des weströmischen Imperiums geschaffen. Otto der Große hatte diese wiedergewonnen und konnte überdies durch seinen Sieg über die Ungarn im Jahre 955 den Anspruch erneuern, das Reich gegen den Einbruch der Barbaren zu verteidigen.

War die Königskrone das Symbol der nationalen Herrschaft, so die römische Kaiserkrone das Symbol der römischen Cäsarengewalt mit dem Anspruch auf den – mit Byzanz geteilten – Vorrang vor allen anderen Monarchen der Christenheit. Hinzu kam die Advocatie über den Heiligen Stuhl und die römisch katholische Kirche (s.o. § 3 II).

Um den Anspruch auf das römische imperium mundi zu legitimieren, bediente man sich verschiedener Vorstellungen darüber, wie dieses übergeleitet worden – wie also die „translatio imperii" erfolgt – sei. Karl der Große mochte sich nach römischem Recht durch die Akklamation des Volkes von Rom zur Kaisererhebung und durch die spätere Anerkennung seitens des byzantinischen Kaisers legitimiert finden; doch brach er selber bei der Krönung seines Sohnes Ludwig (813) mit dieser traditionellen Legitimation (s.o. § 3 II).

Noch im Kaisertum der Ottonen wurden starke traditionale Züge sichtbar. Otto der Große ließ sich im Jahre 962 vom Papst zum Kaiser krönen, nachdem er ihn aus der Bedrängnis durch Berengar II. befreit hatte. Er suchte aber eine Legitimation seines Kaisertums auch in der Anerkennung des byzantinischen Kaisers. Diese wurde freilich erst 972 erteilt; in diesem Jahr wurde zugleich eine dynastische Legitimation für die Zukunft in die Wege geleitet: durch eine Vermählung Ottos II. mit Theophanu, einer Nichte Johannes I. Tzimiskes von Byzanz, die byzantinischem Hochadel entstammte. Unter Otto III. – der einen kaiserlichen Palast in Rom bezog – fand das Bestreben, das überkommene weströmische Imperium zu erneuern, einen letzten, sichtbaren Höhepunkt.

Der in der römischen Tradition wurzelnden Legitimation trat die Kirche mit eigenen Konzeptionen entgegen, kraft deren die päpstliche Krönung nicht nur ein begleitender Sakralakt, sondern die wesentliche Begründung der Kaiserwürde sein sollte. Schon in der zweiten Krönung Ludwigs des Frommen durch den Papst wurde dies sichtbar (s.o. § 3 II).

Eine weltliche Variante dieses päpstlichen Anspruches erfand man in der (schon um 800 entstandenen) Legende von der Konstantinischen Schenkung. Ihr zufolge sollte Konstantin der Große dem Papst Silvester I. die Westhälfte des Römischen Reiches übertragen haben, eine Legende, die schon Otto III. (in einer Urkunde von 1001, DG I, Nr. 42) als Fälschung bezeichnete und die 1440 durch Lorenzo Valla als solche erwiesen wurde.

Eine geistliche Variante päpstlicher Einsetzungsgewalt fand man in der kirchlichen Lehre von der göttlichen Einsetzung der weltlichen und der geistlichen Gewalten. Sie wurde von Gregor VII. zu einem Anspruch auf Vorrang der geistlichen Gewalt gesteigert und in der Zwei-Schwerter-Lehre in das Bild einer Oberlehensherrschaft des Papstes gekleidet (s. u. § 17 I 3).

Die päpstliche Teilhabe an der Verleihung der Kaiserwürde schwand, als die Verweltlichung päpstlicher Machtpolitik allenthalben greifbar geworden war und der Niedergang päpstlicher Macht eingesetzt hatte (s. u. § 17 I 4). Als die Kurfürsten Ludwig den Bayern zum König gewählt hatten und der habsburgische Anwärter auf das Amt die Wahl bestritt, mischte sich der Papst in die Thronstreitigkeit ein und nahm in Anspruch, daß die Wahl seiner Bestätigung bedürfe. Dem entgegen erklärten die Kurfürsten, die in Rhense – dem traditionellen Versammlungsort der rheinischen Kurfürsten – vereinigt waren, am 16. 7. 1338: der von ihnen mit Mehrheit Gewählte trage damit und ohne päpstliche Mitwirkung den königlichen Titel und sei berechtigt, die Güter und Rechte des Reichs zu verwalten. Auf dem folgenden Reichstag in Frankfurt bezog Ludwig den Erwerb der Kaiserwürde in die gefundene Regelung ein und verkündete diese am 6. 8. 1338 als kaiserliche Konstitution „Licet juris“. Nach ihr sollte schon die Wahl der Kurfürsten den Gewählten zum wahren und legitimen Kaiser machen. Seit Maximilian I. führte der Kaiser auch förmlich den Titel „Imperator electus“.

Karl IV. – der (1346) als Gegenkönig gewählte Nachfolger Ludwigs – bestätigte in der Goldenen Bulle von 1356 die Beschlüsse von 1338 und ging über die päpstlichen Approbationsansprüche hinweg.

Das Kaisertum gab im wesentlichen nur einen Ehrenvorrang, vermehrte aber nicht die Herrschaftsrechte, die schon mit dem Königsamt verbunden waren. Um jeden Zweifel über einen von Heinrich VII. beanspruchten Vormachtanspruch abzuwehren, erklärte Philipp der Schöne von Frankreich im Jahre 1312, daß sein Königtum keine ihm übergeordnete weltliche Gewalt anerkenne: „nullum temporalem superiorem cognoscens aut habens" (H. Quaritsch, Staat und Souveränität, 1970, S. 84; Wegbereiter dieser Souveränitätslehre war die kuriale Doktrin: Feine, S. 271).

Literaturnachweise in: Mitteis/Lieberich, Kap. 20, 25; *Conrad,* I S. 236ff., II S. 86f.; *Willoweit,* § 8; *HRG* Artikel: Erwählter römischer Kaiser, Kaiser, Kaisertum, Kaiserkrönung, Konstantinische Schenkung, Licet iuris, Renovatio, Translatio Imperii, Zweischwerterlehre.

§ 9. Zentrale Regierungs- und Verwaltungsbehörden und die Reichskreise

Angesichts des Verfalls der Reichsgewalt gab es im 15. Jahrhundert mannigfaltige Bestrebungen, die Reichsverfassung zu reformieren. Nikolaus von Kues etwa schlug vor, die Rechtspflege zu verbessern und die Reichsgewalt zu stärken, zu diesem Zweck Gerichtshöfe zu errichten, die mit Adeligen, Geistlichen und Bürgern besetzt sein sollten, ein ständiges Reichsheer aufzustellen und eine Reichssteuer einzuführen (De concordantia catholica, 1433/34, III c. 36–40). Im Vollzug verwandter Reformbestrebungen wurden der Ewige Landfrieden verkündet, das Reichskammergericht geschaffen (s.u. § 10 I), das Heerwesen und die Reichssteuern neu geordnet (s.u. § 12).

Als wichtigstes zentrales Organ neben dem König bildete sich in der frühen Neuzeit der Reichstag heraus (s.u. § 11). Die dem Reich verbliebene Gerichtsbarkeit wurde teils dem Reichskammergericht – an dessen Besetzung die Reichsstände wesentlichen Anteil hatten – teils dem Reichshofrat übertragen (s.u. § 10 II). Die übrigen zentralen Geschäfte des Reichs wurden vom 16. Jahrhundert an vom Geheimen Rat (später von der Geheimen Conferenz) und von der Reichshofkanzlei besorgt.

Literaturnachweis in: Laufs, IV 1 (zur Reichsreform).

I. Erzämter, Geheimer Rat, Reichshofkanzlei

Zum Kaiserlichen Hofstaat gehörten, wie schon in fränkischer Zeit, die Inhaber der Erzämter – Kanzler, Truchseß, Marschall, Kämmerer und Schenk (s.o. § 4 I). Diese Ämter waren nun aber fest mit der Kurfürstenwürde verbunden; das Amt des Erztruchseß ging 1623 mit der Kurwürde vom Pfälzer auf den Bayern über; nach Wiederherstellung der pfälzischen Kur wurde der Pfälzer des Reiches Erzschatzmeister (s.o. § 8 I). Die Inhaber der Erzämter ließen sich in deren Ausübung aber weitgehend vertreten: vom Erbtruchseß, vom Erbmarschall, vom Erbkämmerer und vom Erbschenken, denen sie diese Ausübung zu erblichen Lehen übertrugen. Für das Erzkanzleramt galten Besonderheiten, auf die noch zurückzukommen ist. – Neben und parallel zu den Erzämtern, die der Verfügung des Kaisers entzogen waren, bestanden Hofämter, die er besetzte.

Seit Beginn der Neuzeit wurden aber die Regierungsfunktionen weitgehend von anderen Institutionen übernommen: von einem Hofrat (s.u. § 10 II), einem Geheimen Rat und später der Geheimen Conferenz. Daß die Kaiser zur Beratung der Staatsgeschäfte sachkundige Männer ihres Vertrauens heranzogen, entsprach altem Herkommen. Maximilian I. bildete 1518 zu diesem Zweck ein Gremium von Geheimen Räten. Die Hofstaatsordnung vom 1. 1. 1527 ging von der Existenz eines solchen Gremiums – eines Geheimen Rates – aus. Die wichtigsten Fragen wurden 1669 einem kleineren Beraterkreis, der Geheimen Conferenz, übertragen, der vor allem auswärtige und Kriegsangelegenheiten und wichtige Reichssachen vorbehalten waren. 1709 wurde sie zu einer ständigen Geheimen Conferenz umgestaltet, die unter dem Vorsitz des Kaisers zusammentrat und nach Umfang und Aufgaben einem modernen Kabinett vergleichbar war.

Vorbilder der Reichshofkanzlei reichen bis in die fränkische Zeit zurück. Sie hatte solche Schriftstücke, die Reichsangelegenheiten betrafen, auszufertigen. Haupt der Kanzlei war der Kurfürst von Mainz als des Reiches Erzkanzler. Die Geschäfte führte aber seit 1519 ständig ein Reichsvizekanzler. Dieser gehörte nach 1669 zugleich der Geheimen Conferenz an und hatte dort ein wichtiges Wort in Regierungsgeschäften. Das Recht zur Ernennung des Reichsvizekanzlers war längere Zeit zwischen dem Kurerzkanzler und dem Kaiser streitig; seit 1560 wurde aber das Recht des Mainzer Kurfürsten respektiert, die Reichshofkanzlei, nämlich den Reichsvizekanzler, die Sekretäre und die anderen zu ihr gehörigen Personen zu bestellen.

Literaturnachweise in: Conrad, II S. 87; *HRG* Artikel: Reichshofkanzlei, Reichskanzlei.

II. Die Reichskreise

Im Zusammenhang mit den Bemühungen um eine Reichsreform gab es auch Versuche der Reichsstände, ein ständisches Reichsregiment zu errichten, in welchem der Kaiser nur den Vorsitz führen sollte (Regimentsordnung von 1500); aber diese Versuche scheiterten. Von einer gewissen Bedeutung blieb die im Zusammenhang damit geschaffene (1512 und 1521 geänderte) Einteilung des Reichs in Reichskreise. Deren Organe waren die Kreistage – zu denen die Stände des Kreises zusammentraten –, die Kreisobersten und die Fürsten, denen die Ausschreibung und Leitung der Kreistage oblag.

Den Reichskreisen wurde (besonders nachdrücklich durch die Erklärung des Landfriedens von 1522) die Sicherung des Landfriedens und durch die Exekutionsordnung von 1555 die Vollstreckung der Urteile der obersten Gerichte des Reichs (s.u. § 10 II) übertragen. Sie hatten auch (seit dem Konstanzer Reichsabschied von 1507) den größten Teil der Beisitzer zum Reichskammergericht vorzuschlagen (vgl. Art. V § 54 IPO). Ferner hatten sie überörtliche Verwaltungsaufgaben zu erfüllen und vor allem für die Gestellung der Kontingente zum Reichsheer zu sorgen, die in ihrem Gebiet aufzubringen waren

(Reichsdefensionalordnung von 1681). An der Abwehr französischer Übergriffe unter Ludwig XIV. hatten vor allem auch die Heereskontingente des Fränkischen und des Schwäbischen Kreises Anteil.

Literaturnachweise in: v. Schwerin/Thieme, § 72; *Mitteis/Lieberich,* Kap. 41 V; *Conrad,* II S. 111 f.; *Neuhaus,* S. 43 ff., 91 ff.; *VerwGesch,* I S. 599 ff., 615 ff.; *HRG* Artikel: Reichsexekution, Reichsexekutionsordnung, Reichskreise, Reichsregiment.

§ 10. Die Gerichtsbarkeit

I. Grundlinien der Gerichtsorganisation

Die oberste Gerichtsgewalt war schon in fränkischer Zeit von der Landsgemeinde auf den König übergegangen, der sie durch einen Pfalzgrafen ausüben lassen konnte (s.o. § 4 I).

Im übrigen hatte sich seit der Zeit Karls des Großen eine Unterscheidung zwischen hoher und niederer Gerichtsbarkeit eingebürgert; jene entschied Streitigkeiten über Grundeigentum und persönliche Freiheit und hatte Strafgewalt über Leib und Leben; diese konnte unbedeutendere Vergehen mit Geldbuße ahnden. Die hohe Gerichtsbarkeit war in fränkischer Zeit den Grafengerichten übertragen. Auch später noch mußte jeder Richter, der hohe Gerichtsbarkeit ausüben sollte, die Bannleihe vom König einholen. Zudem hatte der König das Recht, jede noch anhängige Rechtssache an sich zu ziehen (das jus evocandi).

Die Funktionen der niederen Gerichtsbarkeit wurden auf unterschiedliche Weise, vielfach in Anknüpfung an die germanische Gerichtstradition, wahrgenommen: im fränkischen und alemannischen Gebiet durch Zentgerichte; ihnen saß ein Zentgraf oder Schultheiß vor, als Urteiler wirkten Schöffen. Der Zentgraf wurde zunächst vom Grafen – oft noch unter Mitwirkung des Volkes –, später (s.u.) vom Landesherrn eingesetzt. Niedere Gerichtsbarkeit wurde aber auch – wie schon in fränkischer Zeit – auf Grund von Immunitäten geübt: Ähnlich wie einst die Domänen der römischen Kaiserzeit waren zunächst die Königsgüter aus der gräflichen Gerichtsbarkeit ausgenommen. In eingeschränkter Form wurde solche „Immunität“ dann auch manchen Kirchengütern und weltlichen Grundherrn zugestanden, mit der Folge, daß diese – soweit das Immunitätsprivileg reichte – eigene Gerichtsbarkeit für causae minores üben konnten; diese leitete sich letztlich aus der Hausgewalt des Grundherrn (s. o. § 2 I) her, wurde nun jedoch auf die persönlich freien, aber wirtschaftlich abhängigen Hintersassen ausgedehnt.

Eine Besonderheit galt für Bistümer und Abteien. Für sie war nach einer Verfügung Karls des Großen (802) ein Vogt zu bestellen, der sie nach außen zu vertreten hatte und für ihren Schutz verantwortlich war. Diese „Schirmvogtei“ verband sich mit der Gerichtsvogtei, kraft deren der Vogt auch die Gerichtsbarkeit auszuüben hatte, die den kirchlichen Institutionen zustand. Seit der Mitte des 12. Jahrhunderts vollzog sich – im Zuge der Verselbständigung der Territorialheit (§ 14 I) – eine „Entvogtung“ der Bistümer, mit der das Erfordernis einer speziellen königlichen Bannleihe auch für die hohe Gerichtsbarkeit entfiel.

Das Statutum in favorem principum (1231) sicherte ganz allgemein den Landesherrn ihre (mit ihrer Belehnung erlangte) Gerichtsbarkeit: Sie sollten die Rechte ihrer Grafschaften und Zentgerichte ungeschmälert (auch durch nachgeordnete Immunitätsrechte?) ausüben. Die Zentgrafen sollten ihre Zentgerichtsbarkeit von ihnen empfangen (Art. 6 und 7). Auch wurden die alten Zuständigkeiten verändert; das folgte daraus, daß künftig kein sendbarer Mann (Adeliger im 5. Heerschild) vor dem Zentgericht verklagt werden sollte (Art. 9): Ehedem kam den Grafengerichten die hohe und den Zentgerichten die niedere Gerichtsbarkeit – nach Art der Streit- und Strafsachen – zu. Jetzt wurden sie zu Gerichten für verschiedene Stände: die Zentgerichte zu erstinstanzlichen Gerichten für die Nichtadeligen, das landesherrliche Hofgericht zum erstinstanzlichen Gericht für den Adel.

Ungeachtet dieser Regelung erhielten oder verstärkten sich daneben vielfach die altüberkommenen grundherrlichen Gerichtsbarkeiten (s. u. § 14 II).

Die Städte bildeten früh Bezirke mit niederer Gerichtsbarkeit; viele wurden später Hochgerichtsbezirke. Aber nur manche erwarben die hohe Gerichtsbarkeit zu eigenem Recht, und dies auf unterschiedliche Weise (s. u. § 16).

Bestimmte Sachen – vor allem Lehnssachen (Lehnsgesetz Konrads II. von 1037), ferner die causae maiores der Fürsten und die Verhängung der Reichsacht – blieben weiterhin dem Königsgericht vorbehalten. Vor dieses kamen Streitigkeiten auch im Wege der Appellation, also auf Grund von Rechtsmitteln, ferner dann, wenn der König eine Rechtssache an sich zog, und im Falle der Rechtsverweigerung; die beiden ersten Wege zum Königsgericht waren aber abgeschnitten, soweit die Fürsten ein privilegium de non evocando et de non appellando besaßen, wie es die Goldene Bulle den Kurfürsten gewährte, soweit keine Rechtsverweigerung vorlag (c. VIII und XI). In der folgenden Zeit schloß sich auch die übrige landesherrliche Justiz zunehmend gegen Eingriffe des Reichs in die Rechtsprechung ab.

Für Reichsunmittelbare bildeten sich auch schiedsrichterliche Verfahren auf Grund von Einigungen heraus: die sogenannten Austragsverfahren oder Austrägalverfahren; Vorbild war der Austrag von Streitigkeiten unter Kurfürsten, wie ihn der Kurverein von Rhense (1338) vorgesehen hatte. Später erkannte die Reichskammergerichtsordnung (in § 28) solche Schiedsverfahren als vorgängige Verfahren an.

Literaturnachweise in: Meister, S. 135; *v. Schwerin/Thieme,* § 53; *Mitteis/Lieberich,* Kap. 26, 28 II, 34, 41 I 1 b; *Conrad,* I S. 380 f.; *Eisenhardt,* §§ 16, 46, 47; *HRG* Artikel: Appellation, Appellationsprivilegien, Etter, Gerichtsverfassung, Hochgerichtsbarkeit, Königsgericht, Niedere Vogtei, Niedergericht, Patrimonialgerichtsbarkeit, Richter, Vogt, Vogtei.

II. Die Reichsgerichte

Im Mittelalter war höchstes Gericht des Reichs das Hofgericht, dessen Vorsitz der König führte. Eine feste Verfahrensordnung gab es nicht. Als Urteiler wirkten am Hofe anwesende Fürsten, Herren und Ministeriale, insbesondere Reichshofbeamte. Der König konnte für sich einen Stellvertreter im Königsgericht bestimmen. Das geschah bis ins 13. Jahrhundert entweder von Fall zu Fall oder auch auf eine gewisse Zeit. Im Mainzer Landfrieden von 1235 (Art. 28) wurde das Amt eines ständigen Hofrichters geschaffen, der den König im Hofgericht vertreten sollte. Dieses Hofgericht wurde aber wegen mangelnder Effizienz im 15. Jahrhundert funktionslos; im Jahre 1451 wurde es aufgelöst.

Seine Aufgaben hatte schon seit 1415 ein königliches Kammergericht übernommen; doch akzeptierten die Fürsten die in ihm verkörperte Gerichtsgewalt des Königs nicht mehr. Als nun 1495 auf dem Reichstag zu Worms der Ewige Landfrieden beschlossen und der Austrag von Streitigkeiten künftig vor einem Gericht geschehen sollte, mußte für dieses eine Gerichtsverfassung gefunden werden, die dem veränderten Verhältnis der politischen Kräfte angemessen war und die zugleich dem Bedürfnis Rechnung trug, die Gerichtsbarkeit zu professionalisieren und unabhängig von der Person des Königs funktionsfähig zu erhalten. Eine solche Gerichtsverfassung schuf die Reichskammergerichtsordnung von 1495, später in den Fassungen des Wormser Reformwerks von 1521, des Augsburger Religionsfriedens von 1555 (§§ 104 ff.) und des Jüngsten Reichsabschieds von 1654 (§§ 7 ff.). An der Besetzung des Gerichts wurden Kaiser und Stände beteiligt. Der Kammerrichter wurde vom Kaiser ernannt, die Beisitzer – deren Zahl gewechselt hat – sollten zur Hälfte gelehrte Juristen, zur anderen Hälfte ritterbürtige Beisitzer sein; sie wurden nach einem näher bestimmten Schlüssel von den Reichsständen benannt (s. o. § 9 II) und nach der Kammergerichtsordnung von 1555 vom Gericht selbst ernannt.

Zuständig war das Reichskammergericht für Verfahren gegen Reichsunmittelbare in erster Instanz, für Verfahren gegen Reichsmittelbare in der Regel nur in höherer Instanz. Diese zweite Zuständigkeit wurde aber durch zahlreiche Privilegien de non appellando eingeschränkt (s. o. I).

Sitz des Reichskammergerichts war, nach zunächst wechselnden Residenzorten, von 1527 bis zum Franzoseneinfall 1689 Speyer, und von 1693 bis 1806 Wetzlar. Erhalten wurde das Gericht durch Sporteln und Gebühren und durch Beiträge der Reichsstände, den sogenannten Kammerzieler (s.u. § 12 II). Dieser ging aber nur spärlich ein, das Gericht war daher gering besetzt, und die Prozesse gingen nur schleppend voran.

Von großer rechtshistorischer Bedeutung war es, daß die Reichskammergerichtsordnung die Rezeption des römischen Rechts sanktionierte, indem sie vorschrieb, „nach des Reiches gemeinen Rechten" – d.h. dem römischen und dem kanonischen Recht und billigen Ordnungen, Statuten und Gewohnheiten der Fürstentümer, Herrschaften und Gerichte zu entscheiden (§ 3).

Maximilian verzichtete aber nicht darauf, daneben auch seine königliche Gerichtsbarkeit auszuüben, und ordnete zu diesem Zweck seinen Hofrat neu (Hofordnung von 1497/1498). Dieser wurde nach einigen Zwischenlösungen (Hofstaatsordnung von 1527 und Hofratsordnung von 1541) als Reichshofrat – als zweites höchstes Gericht des Reichs neben dem Reichskammergericht – fest etabliert (Reichshofratsordnung [RHO] von 1559; Neuregelungen u.a. durch die Reichshofratsordnungen von 1637 und von 1654). Er hatte die dem Kaiser noch verbliebenen Gerichtsentscheidungen (s.o. I) – etwa in Streitigkeiten über Regalien, Lehen oder kaiserliche Privilegien – zu fällen (Tit. II § 1 RHO 1654). Während an der Gerichtsbarkeit des Reichskammergerichts die Stände wesentlichen Anteil hatten, war das Hofratskollegium ein rein kaiserliches Gericht. An die Stelle des Kaisers konnte ein von ihm ernannter Präsident oder ein Vizepräsident treten. Als Beisitzer wirkten achtzehn vom Kaiser ernannte Reichshofräte, auch hier in eine Herren- und eine Gelehrtenbank geschieden; unter ihnen befanden sich in späterer Zeit sechs evangelische Räte (Tit. I §§ 1ff. RHO 1654).

In Fällen, in denen die Zuständigkeit des Reichshofrates mit der des Reichskammergerichts konkurrierte, wurde das Gericht zuständig, bei dem die Sache zuerst anhängig gemacht wurde (Tit. II § 8 RHO 1654).

Literaturnachweise in: Mitteis/Lieberich, Kap. 41 I, III 1; *Conrad,* II S. 172f.; *Eisenhardt,* § 23; *Neuhaus,* S. 48ff., 98f.; *HRG* Artikel: Hofgericht, Reichshofgericht, Reichshofrat, Reichskammergericht.

§ 11. Der Reichstag

Bereits in der fränkischen Zeit pflegte der König wichtige Reichsangelegenheiten – etwa Heerfahrten – mit den weltlichen und geistlichen Großen des Reiches auf Hoftagen zu beraten. Deren Einberufung und die Auswahl der Geladenen lag im Ermessen seiner Staatsraison. Lehnsleute des Königs, Bischöfe und Reichsäbte waren verpflichtet, auf dem Hoftag zu erscheinen und so lange zu bleiben, bis der König sie entließ.

Wie in England wurde aus der bloßen Beratung durch die Großen und der faktischen Angewiesenheit des Königs auf deren Unterstützung allmählich ein Anspruch auf Beschlußfassung und aus der Pflicht zur Hoffahrt ein Anspruch der Großen darauf, an den Verhandlungen der Hoftage stimmberechtigt teilzunehmen (s.u. § 12 I). Seit der Zeit Lothars III. (1125–1137) galt die Gewohnheit, daß allgemeine Angelegenheiten des Reichs unter Mitwirkung der Großen des Reichs zu entscheiden seien. Die Reichsstandschaft – d.h. das Recht, mit Sitz und Stimme an den Hof- und späteren Reichstagen teilzunehmen – erwuchs den Kurfürsten, den Fürsten und anderen reichsunmittelbaren Territorialherren, nicht aber den bloßen Reichsministerialen.

Ähnlich wie sich in England im 14. Jahrhundert das Parlament in ein House of Commons und ein House of Lords schied, so bahnte sich im 13. Jahrhundert in Deutschland eine Gliederung der Reichsstände an, hier zunächst in das spätere Kollegium der Kurfürsten und das Kollegium der Fürsten und Herren; zu den „Herren“ zählten die Reichsgrafen und andere reichsunmittelbare, nichtgefürstete Territorialherren mit Ausnahme der Reichsritterschaft.

Seine neuzeitliche Gestalt gewann der Reichstag im Zusammenhang mit den Reichsreformen, die auf dem Wormser Reichstag von 1495 beschlossen wurden (vgl. §§ 1 und 2 der Handhabung des Friedens vom 7. 8. 1495). Wem die Reichsstandschaft, also Sitz und Stimme im Reichstag, Anfang des 16. Jahrhunderts zukam, sagte die Reichsmatrikel von 1521 (s.u. § 12). Vertreter der Reichsstädte und der freien Städte (s.u. § 16) wurden seit Ludwig dem Bayern wiederholt und seit 1495 regelmäßig zu den Reichstagen geladen, seit 1489 bildeten sie dort ein eigenes Kollegium; das volle Stimmrecht wurde ihnen aber erst 1582 zuerkannt und 1648 bestätigt (Art. VIII § 4 IPO).

Es setzte sich die Praxis durch, in drei Kollegien zu beraten und zu beschließen: dem Kollegium der Kurfürsten, dem Kollegium der Fürsten und Herren (dem Reichsfürstenrat) und dem Kollegium der Reichsstädte. Den Fürstenrang nahmen anfangs – ohne daß ein Gesetz Kriterien dafür bestimmt hätte – Herzöge und Herzoggleiche für sich in Anspruch; später erhob der Kaiser in den Fürstenstand (den zweiten oder dritten Heerschild, s.u. § 13); seit dem 17. Jahrhundert setzten die Fürsten es durch, daß Sitz und Stimme im Reichsfürstenrat nur mit Zustimmung „der Kurfürsten und Stände" erworben wurde (vgl. § 197 des Jüngsten Reichsabschieds von 1654).

Jeder Fürst hatte eine, durch Erbgang mitunter auch mehrere Stimmen. Die reichsunmittelbaren Grafen (Reichsgrafen), nichtgefürsteten Prälaten und Herren wurden innerhalb des Fürstenkollegiums nach Kurien (= co-viriae) zusammengefaßt. Innerhalb des Reichsfürstenrates gab es eine schwäbische und eine rheinische Prälatenbank und zunächst zwei, seit der Mitte des 17. Jahrhunderts vier Grafenbänke. Jeder dieser Bänke kam nur eine Kuriatstimme zu. Das Kollegium der Reichsstädte war in eine rheinische und eine schwäbische Städtebank geteilt; jeder Stadt stand eine Stimme zu.

Ein Reichsschluß (conclusum) kam zustande, wenn die drei Kollegien übereinstimmten (vgl. Art. VIII §§ 2 und 4 IPO) und der Kaiser ihren Beschluß (consultum) ratifizierte. Seit 1497 war es üblich, am Ende – bei der Verabschiedung – des Reichstages die vom Kaiser ratifizierten Beschlüsse in einem Reichsabschied zusammenzustellen. Innerhalb der Kollegien wurde in der Regel nach Stimmenmehrheit entschieden. Etwas anderes galt in Religionssachen. Hier sollte keine der Religionsparteien majorisiert werden; darum teilten sich hier die Reichsstände in ein corpus evangelicorum und ein corpus catholicorum (itio in partes), und man versuchte, zwischen den von ihnen gefundenen Auffassungen zu einem gütlichen Ausgleich (einer amicabilis compositio) zu gelangen; diese seit dem Augsburger Religionsfrieden (1555) geübte Praxis wurde im Westfälischen Frieden (1648) festgeschrieben (Art. V § 52 IPO). Sie konnte freilich auch dazu gebraucht werden, – unter konfessionellem Vorwand – Mehrheitsentscheide aus anderen Gründen zu hintertreiben.

Für besondere Zwecke bildete man Reichsdeputationen, als ergänzende Formen reichsständischer Gremien. In ihnen übte ein kaiserlicher Kommissar das kaiserliche Vorschlagsrecht aus und erhob – sofern nicht der Kaiser selbst es tat – die Deputationsbeschlüsse zu einem verbindlichen „conclusum".

Von 1663 an tagte der Reichstag permanent in Regensburg. Der jüngste (letzte) Reichsabschied fand also am Ende des vorangegangenen Reichstages, im Jahre 1654 statt. Seitdem der Reichstag ständig tagte, ließen sich die Reichsstände dort vielfach durch Bevollmächtigte vertreten, die den Status von Gesandten hatten. Den Kaiser vertraten ein Principalkommissar und ein Conkommissar. Den Mainzer Kurerzkanzlei, dem die Leitung der Reichstagsgeschäfte zustand, vertrat ein Reichsdirektorialgesandter.

Literaturnachweise in: Hartung, § 12; v. *Schwerin/Thieme,* §§ 49, 75; *Mitteis/Lieberich,* Kap. 41 II; *Conrad,* II S. 101 f.; *G. Köbler,* Historisches Lexikon der deutschen Länder, 5. Aufl. 1995 (Reichsstände); *Neuhaus,* S. 19 ff., 39 ff., 64 ff.; *HRG* Artikel: Conclusum imperii, Reichsabschiede, Reichsdeputation, Reichsstände, Reichsstandschaft, Reichsunmittelbarkeit.

§ 12. Reichskriegswesen, Reichsfinanzen

I. Die Reichskriegsverfassung

Von alters her bestand eine allgemeine Heerespflicht. Der allgemeine Heerbann galt als Grundsatz auch noch im Mittelalter: Jeder mußte sich zur Landwehr zur Verfügung stellen. Doch war schon in der fränkischen Zeit durch den Zusammenstoß mit den arabischen Reiterheeren eine Umgestaltung des Kriegswesens ausgelöst und das Fußvolk durch Reiterei verdrängt worden (s.o. § 4 III). In Deutschland förderten die Einfälle der berittenen Ungarn, aber auch die Italienfahrten der Kaiser diesen Wandel im Heereswesen. Die für den Reiterdienst erforderte Ausstattung und fortwährende Übung führte dazu, daß Heeresdienst in weitem Umfang ritterlicher Dienst als Lebensberuf wurde, der durch Grundbesitz fundiert war, weitgehend also von Lehnsbesitzern und deren Dienstmannen erbracht wurde.

Die Heeresverfassung wurde nun auf die Lehnsordnung abgestimmt: Der König bot seine unmittelbaren Vasallen auf, die ihrerseits ihre Dienstleute und Vasallen aufboten und führten. Doch blieben auch andere Wurzeln der Heerespflicht sichtbar; so wurden auch Allodialherren aufgeboten. Aufgeboten wurden auch die Dienstleute des Reichs (Reichsministerialen) und die Kontingente der Reichsstädte, die beide unter dem Befehl von Reichsvögten standen.

Von alters her war es üblich, daß auf einer Reichsversammlung oder einem Hoftag über eine Heerfahrt beraten und beschlossen wurde (s.o. § 11). Die Größe des Aufgebotes bestimmte zunächst der König nach seinem Ermessen. Seit Heinrich V. bildete sich die Regel, daß er hierzu auf einem Hoftag, später auf einem Reichstag, die Zustimmung der Fürsten einzuholen hatte, deren Beschluß dann auch die Abwesenden band.

Im späten Mittelalter führte ein neuer Wandel der Kriegstechnik zu einer erneuten Veränderung der Heeresverfassung. Hatte einst die aufkommende Kampfesweise zu Pferd zur Aufstellung von Ritterheeren geführt und dazu, den alten germanischen Heerbann durch eine ritterschaftliche Heeresverfassung zu ersetzen, so brachte jetzt eine neue Kampftechnik wieder eine Änderung hervor: Die schwerbeweglichen Ritterheere wurden durch das mit langen Spießen ausgestattete Fußvolk verdrängt. 1176 unterlag bei Legnano das Ritterheer Friedrichs I. den Fußtruppen Mailands. Im Jahre 1302 wurde bei Kortrijk das französische Ritterheer durch das Fußvolk der Zünfte besiegt. 1386 siegte bei Sempach das schweizerische Volksheer über das österreichische Ritterheer.

Hinzu kam, daß mit sinkender Königsmacht die Lehnskriegsverfassung ineffizient wurde. Schon Heinrich IV. warb 1075 Kriegsleute durch Geld. Friedrich I. verstärkte sein Heer durch bezahlte Kriegsleute, deren Dienstpflicht nicht mehr auf einem persönlichen Status, sondern auf Vertrag beruhte. So wurden fortschreitend die Ritterheere durch geworbene und besoldete Söldnerheere abgelöst. Im 14. Jahrhundert waren Söldnerheere üblich, im 15. Jahrhundert beherrschten sie das Feld. Sie brachten genossenschaftliche Gedanken und Handwerksbräuche in das Kriegswesen, das man nun als Ausübung des Kriegshandwerks verstand. Den Söldnern wurde nicht Naturalverpflegung, sondern Sold zugesagt, von dem sie sich selbst auszurüsten und zunächst auch zu unterhalten hatten. Wenn die Stände die Mittel nicht bewilligten oder bezahlten und der Sold ausblieb, kam es nicht selten dazu, daß raubende Landsknechte zur Selbsthilfe griffen. Später sorgte der Kriegsherr durch den Troß für den Unterhalt der Truppe. In feindlichem Land wurde Proviant requiriert.

Der Oberbefehl über die Reichsarmee stand dem König zu, der ihn dem Marschall des Reiches übertragen konnte. Im 15. Jahrhundert wurde das Amt des obersten Feldhauptmanns geschaffen, dem die Rangstufen der Unterhauptleute, Leutnants, Fähnriche, Waibel (Feldwaibel) und Rottmeister untergeordnet waren. Vom Ausgang des 15. Jahrhunderts an wurde das Heerwesen in Artikelbriefen (von 1508, 1570, 1672 und 1682) näher geregelt, darunter auch die Heeresgerichtsbarkeit und die Disziplinargewalt der Profossen.

Eine Reichsarmee wurde nur für den Fall eines Krieges aufgestellt. Sie bestand aus den Kontingenten, die von den einzelnen Reichsständen (also von jenen, die unmittelbar dem Kaiser und keinem anderen Herrn unterstanden) aufzubringen waren. 1521 plante Karl V. einen Feldzug nach Rom. Hierfür sollte jeder Reichsstand für ein bestimmtes Kontingent des Reichsheeres aufkommen. Dieser Beitrag wurde nach „Römermonaten" berechnet (s. u. II). Als Gesamtstärke des Reichsheeres wurden in simplo 24.000 Mann – davon 20.000 zu Fuß und 4.000 zu Pferd – der Rechnung zugrundegelegt. Bei jedem Reichskrieg wurde bestimmt, ob das simplum, duplum, triplum usw. aufzustellen war. Angesichts der Türkengefahr und der Raubkriege Ludwigs XIV. erhöhte die Reichsdefensionalordnung von 1681 das simplum auf 40.000 Mann, davon 28.000 zu Fuß, 12.000 zu Pferd. Die Kontingente der Reichsstände wurden für Kaiser und Reich in Pflicht genommen. Der Höchstkommandierende wurde vom Kaiser mit Zustimmung des Reichstags ernannt.

Kriegserklärungen und Friedensschlüsse des Reichs bedurften nach dem Westfälischen Frieden der Zustimmung des Reichstages (Art. VIII. § 2 IPO); streitig war, ob dies auch für Reichsexekutionskriege gegen einen Reichsstand zu gelten hatte.

Von den Reichskriegen zu unterscheiden waren Kriege der Reichsstände; das Recht hierzu war diesen im Westfälischen Frieden implizite zugestanden: mit der Befugnis, Bündnisse zu schließen, sofern diese sich nicht gegen den Kaiser, das Reich oder dessen Landfrieden richteten (Art. VIII § 2 IPO).

Literaturnachweise in: Meister, S. 146, 190; v. *Schwerin/Thieme,* § 51; *Conrad,* I S. 266f., II S. 131f.; *HRG* Artikel: Artikelbrief, Heer, Heerfahrt, Kriegsartikel, Landesverteidigung, Landsknecht, Landwehren, Reichsheerwesen, Reichskrieg, Reichskriegsverfassung.

II. Die Reichsfinanzen

Finanzquellen des Königs waren die Erträgnisse des Reichsgutes und des Hausgutes, das Recht auf herrenlose Grundstükke und seit dem hohen Mittelalter die regelmäßigen Abgaben der Reichsstädte und Judengemeinden; hinzu kamen Gerichtsgefälle und vor allem das Münz-, Zoll-, Markt- und Bergregal und andere nutzbare Rechte. Diese gingen aber zum großen Teil an die aufstrebenden Territorialherren (s.u. § 14 I) oder durch Verpfändung verloren.

Eine allgemeine Besteuerung setzte sich erst seit den Hussiten- und Türkenkriegen durch. Abgaben konnten nur mit Zustimmung der auf dem Reichstag versammelten Reichsstände erhoben werden (vgl. Art. VIII § 2 IPO); streitig blieb, ob hierbei ein Mehrheitsbeschluß auch diejenigen verpflichtete, die ihn ablehnten.

Einzige stetige jährliche Steuer war der Kammerzieler zur Erhaltung des Reichskammergerichts (Reichsabschiede von 1507, 1548 und 1654).

Außerordentliche Steuern wurden zu konkreten – oft militärischen – Zwecken erhoben, so angesichts der Hussiten- und der Türkengefahr zur Aufstellung eines Söldnerheeres (Reichsmatrikel von 1422 und Reichskriegssteuergesetz vom 2. 12. 1427). Auch die Ordnung des Gemeinen Pfennigs vom 7. 8. 1495 sah befristet eine allgemeine Reichssteuer vor.

Später wurden außerordentliche Reichssteuern zur Aufstellung des Reichsheeres auf Grund der Wormser Matrikel von 1521 als Matrikularbeiträge erhoben. Die Reichsstände leisteten diese dem Reich auf Grund einer Stammliste (matricula = Mütterchen), die einen Verteilungsschlüssel enthielt. Die Matrikel von 1521 war für den geplanten Römerzug Karls V. aufgestellt worden; daher nannte man die Rechnungseinheit der zu erbringenden Matrikularbeiträge „Römermonate". Sie bezeichneten den Monatssold für das Kontingent, das von einem Reichsstand aufzubringen war (dazu oben I).

Fast alle Regierungs- und Repräsentationskosten hatte der Kaiser aus seinen eigenen erbländischen Mitteln zu tragen. Es liegt aber die Vermutung nicht ganz fern, daß die Habsburger es im Interesse ihres Hauses sogar bewußt unterließen, auf geordnete Reichssteuern hinzuwirken; denn „als Karl V. 1546 eine stehende Reichssteuer einführen wollte, widerriet ihm sein Bruder Ferdinand diesen Plan, weil bei sicherer Ausstattung der Reichsgewalt auch andere deutsche Fürsten in der Lage wären, das Kaisertum zu übernehmen" (H. Brunner).

Literaturnachweise in: v. Schwerin/Thieme, § 52; *Mitteis/Lieberich,* Kap. 28 III, 41 III 4; *Conrad,* I S. 278ff., II S. 154f.; *HRG* Artikel: Kammerzieler, Reichssteuern.

§ 13. Lehnsverfassung und Heerschildordnung

Anknüpfend an die Tradition der fränkischen Zeit wurde die Lehnsordnung (s.o. § 4 IV) im Mittelalter zunehmend das organisatorische Prinzip, nach dem die Ordnung der Ämter und der Stände strukturiert wurde. Oberster Lehnsherr des Reichs war der König. Das persönliche Lehnsband – zwischen dem

König und seinen Vasallen und zwischen diesen und ihren Untervasallen – wurde durch beiderseitiges Treueversprechen begründet: seitens des Lehnsmannes die „Mannschaft“ oder „commendatio“ (se in „manum dare“), seitens des Herrn die „Hulde“. Die Mannentreue richtete sich auf Leistung ritterlicher Dienste, auf Hof- und Heerfahrt, die Herrentreue auf Schutz des Vasallen und auf Verschaffung des Lehnsgutes. Die Belehnung mit einem weltlichen Amt geschah mit der Fahne (als Fahnenlehen, Sachsenspiegel, Landrecht III 60, § 1; zur Belehnung der geistlichen Fürsten s.u. § 17 I).

Otto dem Großen gelang es, das karolingische Amtsrecht annähernd wiederherzustellen. Die Einsetzung der Herzöge und die Vergabe des Grafenamtes vollzog sich nun in lehnsrechtlichen Formen. In der folgenden Zeit setzte sich das Streben nach Erblichkeit der Lehen wieder verstärkt durch: Wie schon in der fränkischen Zeit gebot es das Herkommen in weitem Umfang, daß beim Tode eines Lehnsherrn dessen Nachfolger das Lehen erneuerte und nach dem Tode des Lehnsmannes dessen Erbe das Lehen erhielt, wenn er zu gehöriger Zeit und in gehöriger Form darum nachsuchte (s.o. § 4 IV 2). Konrad II. verfügte durch sein Lehnsgesetz von 1037, daß grundsätzlich kein Untervasall ohne erwiesene Schuld sein Lehen verlieren sollte und daß beim Tod eines Lehnsmannes dessen Sohn oder Enkel das Lehen haben sollte. Im 12. Jahrhundert wurden durch Rechtsgewohnheit grundsätzlich alle Lehen, auch die fürstlichen, in dieser Weise „erblich“.

Gegen eine grundlose Entziehung des Lehens war der Vasall also geschützt. Er verwirkte aber sein Lehen, wenn er seine Treuepflicht verletzte, insbesondere die geschuldete Heerfahrt oder Hoffahrt verweigerte. Ein hierdurch oder durch Aussterben erledigtes Lehen konnte der König ursprünglich beständig einziehen. Nach Einziehung der Lehen Heinrichs des Löwen im Jahre 1180 wurde aber sichtbar, daß die Kräfteverhältnisse im Reich den König zur Wiedervergabe der Fahnenlehen nötigten. Eine sich dahin bildende Verfassungsgewohnheit verhinderte, daß der König durch Einziehung von Lehen Macht sammeln konnte. Versuche, diese Gepflogenheit zu durchbrechen, stießen immer wieder auf energische Ablehnung der Fürsten (dazu auch die Goldene Bulle c. VII 2).

Zur gleichen Zeit verstärkte sich die Macht der Territorialfürsten durch die Mediatisierung der Grafschaften, dadurch also, daß die Grafen nun Amt und Lehen nicht mehr unmittelbar vom König, sondern vom Herzog empfingen. Die Fürsten selbst konnten in ihrem Territorium erledigte Lehen einziehen und auf solche Weise ihre Territorialgewalt ausbauen. So spiegelte und förderte auch die Ausgestaltung des Lehnsrechts den Ausbau der landesfürstlichen Gewalt.

Neben dem Lehnsgut, das zunehmend der Verfügung des Königs entglitt, gab es immer noch freies Eigengut (Allod), für das sogar die Vermutung sprach. Teils bestand solches aus alter Wurzel; teils hatten die Könige – vor allem an Kirchen – manches als Eigengut geschenkt, das sich nicht nachträglich der Lehnsordnung einfügen ließ.

Anders die Entwicklung in Frankreich. Hier konnte der König erledigte Lehen einziehen, und die langlebige Dynastie der Capetinger konnte manche solcher Lehen an die Krone bringen. Wie in England galt hier auch die Vermutung, daß alles Land Lehnsland letztlich aus der Hand des Königs sei: „nulle terre sans seigneur".

Grundsätze des mittelalterlichen Lehnsrechts wurden um 1100 in den lombardischen „Libri Feudorum" aufgezeichnet. Die Lehnsgesetze Lothars III. (1136) und Friedrichs I. (1158) wandten sich insbesondere gegen die Veräußerung von Lehen und sanktionierten die Verletzung von Vasallenpflichten. Zu einem gewissen Abschluß kam die Entwicklung des Lehnsrechts im Jahre 1180 im Zusammenhang mit der Bereinigung der Auseinandersetzungen zwischen Friedrich Barbarossa und Heinrich dem Löwen. Inzwischen hatte sich – mit dem Bild einer Heerschildordnung – ein hierarchisches Modell der Lehnsordnung durchgesetzt. In dieser kam dem König der erste Rang zu. Seine unmittelbaren Vasallen waren die geistlichen Fürsten, die den zweiten Rang, und die weltlichen Fürsten, die den dritten Rang innehatten; beide zusammen bildeten den Reichsfürstenstand (s. o. § 11). Auf dem vierten Rang standen die Grafen und die Edelfreien. Unter diesen Rängen standen die Mittelfreien, die Ministerialen und andere ritterbürtige Lehnsträger. Sachsenspiegel und Schwabenspiegel haben je eine Heerschildordnung wiedergegeben, wichen dabei aber in der Beschreibung der unteren Ränge voneinander ab (Sachsenspiegel, Landrecht I 3 § 2; Schwabenspiegel, § 2).

Literaturnachweise in: Planitz/Eckhardt, § 45; *Mitteis/Lieberich,* Kap. 27; *Eisenhardt,* § 4; *H. Lange,* Römisches Recht im Mittelalter, Bd. I, 1997, § 9 I; *HRG* Artikel: Lehnsadel, Lehnserneuerung, Lehnsgesetze, Lehnsrecht, Lehnswesen, Libri Feudorum, Vasallität.

§ 14. Das Entstehen der Territorialhoheit

Territorialherrschaft entwickelte sich vor allem in den Herzogtümern und Markgrafschaften. Die Grafschaften wurden teils eigenständige Territorien, teils kamen sie – wie in Bayern – unter die Lehnshoheit von Herzögen.

I. Die Emanzipation aus der Reichsgewalt

Das Lehnswesen hatte der Amtsgewalt der Fürsten einen territorialen Bezug gegeben. Die Verfassungsgewohnheit, die Lehen der kronunmittelbaren Vasallen zu erneuern, führte zu einer dynastischen Verfestigung der Territorialherrschaft (s. o. § 13).

Unter dem geschwächten Königtum nach dem Tode Heinrichs VI. und während des italienischen und sizilianischen Engagements Friedrichs II. konnten die deutschen Territorialfürsten ihre Stellung gegenüber dem Reich ausbauen. Die erreichte Rechts- und Machtlage schlug sich insbesondere in der Confoederatio cum principibus ecclesiasticis von 1220 und im Statutum in favorem principum von 1231/32 nieder; sie verbriefen wichtige Rechte – insbesondere die Gerichtshoheit, das Münz- und das Zollrecht –, die ehemals dem König zustanden, nun den geistlichen und weltlichen Fürsten. Erstmals wurden die Fürsten in diesem Zusammenhang als „domini terrae" bezeichnet (Statutum in favorem principum, Art. 7). Während des Interregnums nach dem Ende der Stauferzeit nahm die landesherrliche Gewalt weiter zu.

Die Goldene Bulle von 1356 festigte die Landesherrschaft. Weitgehend nur in Bestätigung schon erworbener Rechte wurde den Kurfürsten das Münz-, Berg- und Zollrecht ausdrücklich zugestanden. Hinzu kamen die Privilegien de non evocando et de non appellando. Dieses den Kurfürsten gewährte Maß an Unabhängigkeit erstrebten nun auch die übrigen Landesherren.

Der Westfälische Frieden (s.o. § 7 Nr. 13) gestand den Reichsständen von Reichs wegen die ungehinderte Ausübung der Landeshoheit zu, einschließlich des Rechts, Bündnisse mit auswärtigen Staaten abzuschließen, sofern diese sich nicht gegen Kaiser und Reich richteten (Art. VIII §§ 1 und 2 IPO).

II. Die innenpolitische Konsolidierung der landesherrlichen Gewalt

Am Ausgang des Mittelalters gab es noch keine umfassende Herrschaftsgewalt der Landesherren über ihr Territorium; ihnen standen nur eine Anzahl von Hoheitsrechten zu, so die landesherrliche Gerichtsbarkeit, nutzbare Hoheitsrechte, etwa in Gestalt von Münz-, Zoll-, Markt-, Jagd- oder Bergrecht, und die damit verbundenen Verwaltungskompetenzen.

Neben den Landesherren übten die Stände – Adel, Geistlichkeit und Städte – kraft eigenen Rechts, insbesondere auf Grund von Immunitäten, niedere Gerichtsbarkeit und Verwaltung in unterer Instanz aus (s.o. § 10 I). Doch während die Fürsten sich fortschreitend von der Reichsgewalt emanzipierten, durchbrachen sie ihrerseits – mit wechselndem Erfolg – mehr und mehr die Schranken, die ihnen selbst das Lehnsrecht innerhalb ihres Territoriums gesetzt hatte (s.o. § 13). Auch übten sie ihre Rechte vielfach durch besoldete Pfleger, Landrichter, Vögte oder andere Amtsleute aus, vergaben die Amtsgewalt also nicht mehr als Amtslehen, sondern errichteten für sie Ämter im modernen Sinne, mit denen sich kein Leihezwang verband (s.u. § 15 II, III).

Das Bündel der Einzelrechte, die bisher die Grundlage der

landesherrlichen Gewalt bildeten, schloß sich mehr und mehr zu einer einheitlichen Herrschaftsgewalt zusammen. Die einzelnen Rechte wurden nicht mehr in den Grenzen wahrgenommen, die in ihrem historischen Ursprung lagen, sondern zunehmend als Ausprägungen einer einheitlichen obrigkeitlichen Gewalt über das ganze Land interpretiert. Willkommene Dienste leistete hierbei der Begriff eines „jus politiae“, der seit dem 15. Jahrhundert nach französischem und burgundischem Vorbild auch in Deutschland Karriere machte. Das Wort Polizei – aus dem griechischen „politeia“ und dem im 14. Jahrhundert geprägten französischen Wort „la police“ hergeleitet – bezeichnete den guten, geordneten Zustand. „Jus politiae“ sollte das umfassende Recht und die Pflicht der Obrigkeit sein, Gefahren abzuwenden, die der Sicherheit oder dem Wohl der Bürger drohen, darüber hinaus aber auch positive Vorsorgen für Gemeinwohl und Bürgertugend zu treffen.

Auch von Reichs wegen nahm man sich solcher Polizei an. Sammlungen polizeilicher Bestimmungen finden sich im Reichsabschied von 1500 und in den Reichspolizeiordnungen von 1530, 1548 und 1577. Ihre Regelungen betrafen die unterschiedlichsten Gegenstände des privaten und öffentlichen Rechts: Zinsfuß, Wucher, Vormundschaftsrecht, Erbrecht, Bücherwesen, Monopole, Münzwesen, Außenhandel, Maßnahmen gegen Fluchen, Völlerei und Kuppelei, Verbote übermäßigen Aufwands an Kleidung, Vorschriften über Gastereien und anderes mehr. Daneben gab es Reichsschlüsse gegen Duelle, Handwerksmißbräuche und geheime Verbindungen.

Mit zunehmender Ausbildung der Territorialstaaten wurde das Polizeiwesen mehr und mehr zur Sache der Landesherren und erschien nun als Ausfluß ihres jus politiae, wobei aus der Sorge für das Gemeinwohl nun vielfach die Sorge für das Wohl des Fürstenhofes und den Glanz seiner Residenz wurde.

Zur Steigerung der landesherrlichen Gewalt trug auch das jus reformandi bei, das im Gefolge der Reformation entstand – also das Recht des Landesherrn, den Glauben der Untertanen zu bestimmen, den summepiscopat zu üben und das landesherrliche Kirchenregiment zu führen (s.u. § 17 II).

Mit diesen Entwicklungen verband sich im 17. Jahrhundert das System des Merkantilismus, das in Deutschland von den Kameralisten vertreten wurde. Es bezeichnet einen umfassenden, staatlichen Wirtschaftsdirigismus, der die industrielle und landwirtschaftliche Produktion lenkte, um den gewaltig gewachsenen Geldbedarf zu decken, der durch die Haltung eigener, stehender Heere und den Aufwand für landesherrliche Hofhaltungen und Verwaltungen entstand. Zu diesem Zweck sollte die Einfuhr auswärtiger Erzeugnisse beschränkt und die Ausfuhr inländischer Erzeugnisse gefördert werden. Dem dienten ausgedehnte Preisregelungen, Einfuhrzölle, Einfuhrverbote, Ausfuhrprämien, Verbote der Rohstoffausfuhr und oft auch die Bevölkerungspolitik.

Sorge für die gute Polizei und Ausbau des Merkantilsystems führten zur Entstehung des älteren „Polizeistaates“. In ihm handhabte die Obrigkeit die Polizeigewalt nach Ermessen und scheute sich dabei nicht, tief in die privaten Sphären einzugreifen. Die Beamten waren weitgehend nur an Dienstanweisungen, nicht an Rechtsnormen gebunden. Betroffene versuchten, obrigkeitliche Eingriffe dadurch vor ein Gericht des Reichs zu bringen, daß sie geltend machten, in wohlerworbenen Rechten verletzt zu sein. Gegen solche Klagen schützten sich die landesfürstlichen Regierungen aber wiederum durch die kaiserlichen Privilegien „de non appellando“ und „de non evocando“ (s.o. § 10 I). Einen begrenzten Ersatz für den Wegfall der reichsgerichtlichen Kontrolle schuf man durch die „Fiskustheorie“: Man konstruierte den „Fiskus“ als ein vom Inhaber der Staatsgewalt getrenntes, selbständiges Rechtssubjekt des bürgerlichen Rechts, das an Stelle der Obrigkeit verklagt werden konnte.

Erst mit dem Vordringen naturrechtlicher Ideen, insbesondere der Forderung nach einem freiheitsichernden Rechtsstaat und einem Schutz der individuellen wirtschaftlichen Entfaltung, trat ein Wandel des polizeistaatlichen Regiments ein und wurde die Aufgabe der „Polizei“ auf die Funktionen der Gefahrenabwehr und der Sicherung der öffentlichen Ruhe und Ordnung beschränkt (s.u. § 22 III).

Nicht in allen Territorien konsolidierte sich die landesherrliche Gewalt in gleichem Maße. In Preußen gelang es Friedrich Wilhelm I., die Souveränität so weit zu „stabilieren", daß „den Herren Junkers" nur noch der „Wind vom Landtag" blieb (DG V, Nr. 46). Aber in vielen Ländern erhielt sich bis weit in die Neuzeit hinein das komplizierte Gefüge des Ständestaates. Es hatte sich die Gepflogenheit gebildet, daß die Landesherren mit den Landständen Landesangelegenheiten und insbesondere Finanzfragen berieten; vor allem um ihrer Geldnot abzuhelfen, bedurften sie eines Entgegenkommens der Stände. Nicht selten wurde das Recht der Abgabenbewilligung dazu benutzt, Privilegien für die Stände zu gewinnen, namentlich dann, wenn der Landesherr sich in finanzieller Verlegenheit befand. Die Stände organisierten sich und schlossen sich in Einungen, in Bayern zu „Landschaften" zusammen; deren wichtigstes Organ wurden die Ständeausschüsse, die das Recht erwarben, an bedeutenderen Angelegenheiten des Landes mitzuwirken. So standen sich vielfach – mit eigenen Behörden – Landesfürst und ständische Organisation gegenüber.

Verschiedentlich führte das Emporkommen der Landstände auch wieder zu einer vorübergehenden Schwächung der landesherrlichen Gewalt. Mancherorts zog dies sogar eine lehnsrechtliche Rückbildung des Ämterwesens und eine Steigerung der Grundherrschaft nach sich (s.u. § 15 II). Und selbst in Preußen wurde die Patrimonialgerichtsbarkeit (§§ 23ff. Teil II Titel 17 des preußischen Allgemeinen Landrechts von 1794) erst durch Verordnung vom 2. 1. 1849 aufgehoben.

Literaturnachweise in: Hartung, vor § 15, §§ 18–22; v.*Schwerin/Thieme,* § 55; *Mitteis/Lieberich,* Kap. 35; *Conrad,* II S. 237f.; *M. Stolleis,* Geschichte des öffentlichen Rechts in Deutschland, I 1988, Kap. 8, 9; *VerwGesch,* I S. 66ff., 361ff., 388ff.; *HRG* Artikel: Landesherr, Landesherrschaft, Landeshoheit, Landesobrigkeit, Merkantilismus, Obrigkeit, Polizei, Polizeiordnungen.

§ 15. Ämter und Beamtentum in den Territorien (am Beispiel Bayerns)

I. Die Entwicklung des Ämterwesens

Die Entwicklung des Ämterwesens in den deutschen Territorien spiegelt den jahrhundertelangen, wechselvollen Prozeß wider, in welchem die überkommenen Strukturen – die vielfach dem Lehnsrecht entstammten, zum Teil auch noch älteren Ursprungs waren – durch ein modernes staatliches Organisationsrecht verdrängt wurden.

Von Bedeutung für die Ausgestaltung des Ämterwesens wurde nicht zuletzt ein Wandel der altüberkommenen Gerichtsverfassung, der im Statutum in favorem principum Ausdruck fand: Amtsleute des Landesherrn übten nun die erstinstanzliche Zentgerichtsbarkeit über die Nichtadeligen aus; das landesherrliche Hofgericht wurde erstinstanzliches Gericht für den Adel (s.o. § 10 I).

Um ihre Territorialgewalt zu stärken, schufen sich die Landesherren ein neues, oft aus gelehrten Juristen bestehendes Beamtentum, das sich zum Fürsten in einem persönlichen Dienst- und Abhängigkeitsverhältnis befand.

1. Hofämter und Oberbehörden

An der Spitze der fürstlichen Verwaltung finden wir in den deutschen Ländern zunächst verkleinerte Abbilder der Hofhaltung des Reichs, nämlich Inhaber von Haus- und Hofämtern, wie Hofmeister, Marschall, Kämmerer, Schenk, Kanzler und andere Hofleute, die dem Landesherrn bei Bedarf zu Rat verpflichtet waren; in manchen Adelsnamen, die etwa mit „Schenk v." oder „Marschall v." beginnen, hat sich die Erinnerung daran erhalten.

Zunehmend wurden aber – wie im Reich (s.o. § 9 I) – Regierungs- und Verwaltungsfunktionen von Ratskollegien übernommen. In Bayern gewann der „Hofrat" durch die Hofratsordnungen von 1551, 1573 und 1580 eine festere, institutionelle Gestalt. Er war zuständig für Justizsachen (unbeschadet der

Zuständigkeit der nachgeordneten Instanzen) und für die „Polizei“ (s.o. § 14 II). Neben dem Hofrat gab es noch andere Zentralbehörden wie die Hofkammer, den Hofkriegsrat und den Geistlichen Rat.

Zur vertraulichen Behandlung wichtiger – vor allem außenpolitischer und finanzpolitischer – Angelegenheiten wurde 1583 der Geheime Rat gebildet, von dem 1645 als oberste Justizbehörde der Revisionsrat abgegliedert wurde. Der Geheime Rat übertraf bald den Hofrat an Bedeutung und wurde zum höchsten Kollegium, das den Landesherrn zu beraten und in Regierungsgeschäften zu unterstützen hatte.

1726 wurde als Ausschuß des Geheimen Rates die Geheime Conferenz gebildet, die wesentliche Funktionen des Geheimen Rates übernahm und als Vorläufer der späteren Staatsministerien gelten kann. Jedem Minister war ein bestimmtes Departement zugeteilt; so gab es 1778 in Bayern ein Departement für auswärtige Staatsgeschäfte; eines für das Finanz-, Okonomie- und Kassenwesen; und ein Departement für Reichs- und Kreissachen, geistliche Angelegenheiten, Hoheits-, Lehns-, Justiz- und Polizeisachen. Der Kurfürst öffnete den Einlauf und übersandte ihn dem zuständigen Minister, der dann über den Gegenstand in der Conferenz vorzutragen und die kurfürstliche Entschließung zu veranlassen hatte.

2. Unter- und Mittelbehörden

Unterhalb der obersten Regierungs- und Verwaltungsebene gab es in Bayern kurfürstliche Unter- und Mittelbehörden.

a) In der Unterstufe wurden Verwaltung und Rechtspflege von herzoglichen Behörden, den Pflegämtern oder Landgerichten gehandhabt, die Ludwig der Kehlheimer schon im 13. Jahrhundert einrichtete. Daneben blieb eine begrenzte Gerichtsbarkeit und Polizeigewalt des Adels bestehen. Die Pflegämter, die mit nur unwesentlichen Änderungen Jahrhunderte hindurch bestanden, waren also Außenbehörden, die bis ins Jahr 1862 in unterer Instanz die hoheitlichen Befugnisse des Landesherrn ausübten. Ihnen stand ein vom Landesherrn bestellter Pfleger vor. Dieser führte nicht nur die Verwaltungsgeschäfte, sondern war zugleich Richter; für die Gerichtssachen konnte ihm aber ein Landrichter beigeordnet sein.

b) Die den bayerischen Pflegämtern übergeordneten Mittelbehörden wurden in früherer Zeit von einem Viztum (vicedominus) geleitet, der den Herzog vertrat. Auch hier drang das neue, landesherrliche Beamtentum vor. Etwa seit 1420 übernahmen Rentmeister zunächst die Finanzgeschäfte in der Mittelinstanz. Im gleichen Jahrhundert begann sich auch die Bezeichnung Rentmeisteramt oder Rentamt durchzusetzen. In der folgenden Zeit übernahmen die Rentämter als Mittelbehörden die Aufsicht nicht nur über das Kassen- und Rechnungswesen, sondern über die gesamte Verwaltung und Rechtsprechung und über die Beamten der Lokalbehörden, die zu ihrem Bezirk gehörten. Der Aufsicht diente die regelmäßige Visitation, der rentmeisterliche „Umritt". Erst die Reformen von 1779 beschränkten die Rentämter wieder auf die Kameralsachen.

II. Die Entwicklung des Beamtentums

Schon früh gab es Ansätze zu einem geschulten und vom Landesherrn persönlich abhängigen Beamtentum, insbesondere in den fürstlichen Kanzleien und Räten. Nach der Rezeption des römischen Rechts drangen juristisch oder kameralistisch geschulte Beamte verstärkt in die landesherrliche Administration und Gerichtsbarkeit ein. Der Landesherr brauchte zunehmend rechtskundige doctores, auch um sich ihres gelehrten Rats in den Auseinandersetzungen mit den Ständen zu bedienen. Zugleich empfahlen sich solche Berater dem Landesherrn durch ihre persönliche Abhängigkeit von ihm und durch ihre Unabhängigkeit von den Ständen.

In Bayern bestand der Hofrat aus einer Ritterbank und einer gelehrten Bank. Ihm mußten also außer Grafen, Herren und Adeligen auch graduierte und gelehrte Personen guten Namens und Herkommens angehören. Dieses Schema wurde auch auf andere hohe Behörden angewandt. So teilte sich z.B. das Revisorium, die oberste Justizbehörde des Landes, gleichfalls in eine Ritterbank und eine gelehrte Bank. Auch in die neu errichteten Fachbehörden drangen Fachleute so in die Wechselgerichtsbarkeit, die Schulcuratel, das Collegium medicum und das Büchercensurcollegium.

Auch in den Außenstellen waren die vom Landesfürsten persönlich abhängigen Amtsleute die Gegenspieler der altständischen Ordnung. Schon seit dem 13. Jahrhundert wurden in Bayern die bisherigen Amtslehen weitgehend durch eine Verwaltungs- und Gerichtsorganisation verdrängt, die in den Händen eines vom Landesherrn abhängigen Beamtentums lag. Doch blieb neben den kurfürstlichen Pflegämtern noch eine niedere Gerichtsbarkeit und Polizeigewalt des Adels bestehen. Auch zeigten sich in der Entwicklung zu einem Berufsbeamtentum bald rückläufige Tendenzen: Pflegämter wurden als Belohnung zur Nutzung verliehen oder gelangten durch Verpfändung in die Hände des Adels. Dieser beanspruchte zudem grundsätzlich Einfluß auf die Besetzung der Ämter und Berücksichtigung bei dieser. So wurden die Pflegämter „im Laufe der Zeit fast durchweg zu bloßen Sinecuren für den Adel“ (v. Seydel).

Literaturnachweise in: M. v. Seydel, Bayerisches Staatsrecht, Bd. I, 2. Aufl. 1896; *E. Rosenthal,* Geschichte des Gerichtswesens und der Verwaltungsorganisation Baierns, Bd. I 1889, Bd. II 1906; *Conrad,* II S. 247 ff., 274 ff.; *H. Hattenhauer,* Geschichte des deutschen Beamtentums, 2. Aufl. 1993; *VerwGesch,* I S. 81 ff., 289 ff., 346 ff., 552 ff.; *HRG* Artikel: Geheimer Rat, Kabinett, Kammer, Landesfürstliche Gerichte, Landgericht, Landrichter, Minister, Ministerium, Niedere Vogtei, Niedergericht, Niedergerichtsbarkeit.

§ 16. Die Stadt

Schon zu römischer Zeit hatten sich in Städten wie Köln, Straßburg, Augsburg oder Regensburg Märkte gebildet, die fortbestanden oder wieder auflebten. Oft bildeten sich Kaufmannssiedlungen (wike, daher etwa Schleswig) auch im Schutze neu errichteter Pfalzen und Burgen, in deren Ummauerung sie zunehmend vom 10. Jahrhundert an einbezogen wurden. Für den ummauerten Marktort bürgerte sich zunächst der Name Burg (daher etwa Straßburg, Augsburg, Regensburg, Salzburg, Magdeburg und Quedlinburg), später der Name Stadt ein.

Neue Märkte zu gründen, war ein Privileg des Königs, der dieses an geistliche oder weltliche Vasallen verleihen konnte. Im Zuge der Reichsreform Ottos des Großen erwarben auch Bischöfe die stadtherrlichen Rechte (s.o. § 6). Das Bedürfnis nach einem besonderen Marktrecht führte dazu, den Marktort zu einem eigenen Gerichtsbezirk mit eigener Gerichtsbarkeit zu erheben. Zur Ausübung der Gerichtsbarkeit, zur Verwaltung und zum Schutz des Marktortes konnte der Stadtherr einen Vogt, Burggrafen oder Stadtschultheiß bestellen.

Um 1200 begannen die Stadtbürger – nach dem Vorbild der oberitalienischen Städte – zunehmend mehr Selbstverwaltungsrechte zu beanspruchen und zu gewinnen. Viele Städte erwarben schon früh eine eigene Niedergerichtsbarkeit, blieben zunächst aber unter der Hochgerichtsbarkeit des Stadtherrn, die in den Reichsstädten von einem königlichen Vogt, einem Reichsschultheiß, mitunter auch von einem Burggrafen, ausgeübt wurde. Seit dem Niedergang der Königsgewalt in der Mitte des 13. Jahrhunderts brachten die Reichsstädte auch die hohe Gerichtsbarkeit durch Ablösung oder auf andere Weise an sich. Auch andere Städte erwarben sie nicht selten von ihrem Landesherrn durch Verpfändung oder Kauf. Manche Städte stellten dann als stolzes Zeichen erlangter Hochgerichtsbarkeit ein Standbild des schwerttragenden „Roland" auf.

Eine herausgehobene Stellung hatten die Reichsstädte, die auf Reichsgut errichtet waren und unmittelbar der Stadtherrschaft des Königs unterstanden (wie Nürnberg). Eine ähnliche Stellung erwarben Bischofsstädte und andere zunächst einem Landesherrn unterstehende Städte, welche die Stadtherrschaft überwiegend (wie Köln) oder ganz (wie Bremen) an sich bringen konnten – oft in heftigen Auseinandersetzungen; sie nannten sich, weil sie sich nicht zum Reichsgut gehörig fühlten, seit dem 14. Jahrhundert freie Städte. Am Ausgang des Mittelalters trat als Eigenart der Reichsstädte und der freien Städte die Reichsstandschaft hervor (s.o. § 11), während die Bedeutung der königlichen Stadtherrschaft schwand. So bürgerte sich nun für beiderlei Städte die Bezeichnung als „freie Reichsstädte" ein.

Vor allem solche Städte entwickelten eine eigene Stadtkultur, entfalteten ihr eigenes Polizei- und Finanzwesen, erhoben Steuern und zogen wichtige Einnahmen aus Zöllen und städtischen Münzrechten. Soweit sie Inhaber der Kirchenpatronate waren, kam ihnen zudem das Recht zu, die Geistlichen zu wählen. Auch bauten die Städte ihr eigenes Kriegswesen aus, innerhalb dessen oft die Zünfte eigene Formationen bildeten.

Neben Städten, die unter landesfürstlicher Verwaltung standen – wie Wien, München oder Berlin –, gab es also die körperschaftlich verfaßten Städte. Das Stadtregiment hatte hier oft einen genossenschaftlichen Ursprung; seine Keimzelle waren häufig die Gilden. Sie entstanden aus Schutzgemeinschaften, zu denen sich schon im 10. Jahrhundert die Kaufleute der Marktorte zusammenschlossen. Die Stadträte entwickelten sich in der Regel aus den Schöffenkollegien der Geschworenen (conjuratores fori). Zur Führung der laufenden Geschäfte wählte man Bürgermeister. Wählbar waren die Mitglieder der ratsfähigen Geschlechter. Vom 14. Jahrhundert an setzten dann vielfach auch die Handwerkerzünfte – oft in heftigem Aufbegehren – die Ratsfähigkeit ihrer Mitglieder durch. In der Regel trug das Stadtregiment oligarchische Züge, und nicht selten lag es in den Händen eines verkrustenden Patriziats.

Der politische Rang der Städte – die zunehmend zu den Finanzmächten des Reichs aufstiegen – wuchs mit ihrer wirtschaftlichen Bedeutung.

Die von den Städten gewonnenen Rechtspositionen gerieten in manchen Konflikt mit den überkommenen Rechten der Fürsten. Die Interessengegensätze spiegeln sich wider zum einen in den Begrenzungen der Stadtrechte durch das Statutum in favorem principum (insbesondere durch dessen Art. 5, 10, 18 und 22) und später im Verbot von Städtebünden durch die Goldene Bulle (c. XV), zum anderen in eben solchen Städtebünden. Die bedeutendsten unter diesen waren der rheinische und der schwäbische Städtebund und die Hanse. Der rheinische Städtebund wurde 1254, am Ausgang der Stauferzeit, gegründet; er sollte einen stabilisierenden Faktor in einer Zeit ungesicherten Königtums bilden und der Wahrung des Landfriedens dienen; im Streit um das Königsamt löste er sich aber 1257 wieder auf. Der schwäbische Städtebund wurde 1376 in Opposition zu den Beschränkungen geschaffen, welche die Goldene Bulle verfügte; er wurde aber bereits 1388 vom Grafen Eberhard von Württemberg besiegt und verlor dadurch seine politische Bedeutung. Nur die Hanse, die aus einer älteren Eidgenossenschaft von Kaufleuten hervorgegangen ist und um 1350 zu einem lockeren Städtebündnis wurde, blieb längerfristig ein bedeutender Faktor im politischen Kräftespiel.

Literaturnachweise in: v. Schwerin/Thieme, §§ 57–59; *Planitz/Eckhardt,* §§ 52 f.; *Mitteis/Lieberich,* Kap. 36; *Conrad,* I S. 340 ff., II S. 200 ff.; *Willoweit,* § 14; *Eisenhardt,* §§ 9, 27; *VerwGesch,* I S. 658 ff.; *HRG* Artikel: Freie Stadt, Markt und Stadt, Rat, Ratsverfassung, Reichsstädte.

§ 17. Die Stellung der Kirche

I. Im Mittelalter

1. Unter den sächsischen Königen

Gegen Ende der Karolingerzeit war das Papsttum in Abhängigkeit von den römischen Adelsparteien geraten. Otto der Große nahm dann wieder maßgebenden Einfluß auf die Papstwahlen. Er nahm auch die unter Karl dem Großen bewährte Praxis wieder auf, Bischöfe und Reichsäbte mit weltlichen Ämtern auszustatten. In ihnen suchte er ein Gegengewicht gegen die weltlichen Herzöge und Grafen, die auf die Erblichkeit ihrer Ämter und Lehen und dadurch auf eine Zersplitterung der Reichsgewalt hinwirkten, während die geistlichen Würdenträger wegen des Zölibats solcher Bestrebungen unverdächtig waren. Bistümer wurden in der Weise besetzt, daß der Lehnsherr das Bischofsamt, die Domkirche und die zu ihr gehörenden Gebiete zu Lehen gab, wobei das Bischofsamt durch Bischofsstab („Stablehen") und Bischofsring („Ringlehen") symbolisiert wurde.

Mit dem Vordringen des Lehnsgedankens im Kirchenrecht –

der Benefizialisierung der geistlichen Ämter – und durch die Unsitte, Benefizien als nutzbare Güter gegen Geld oder andere materielle Vorteile zu verleihen („Simonie“; zur Herkunft dieses Namens: Apostelgeschichte 8, 18ff.) wuchs die Gefahr einer Verweltlichung des Kirchenwesens. So vergaben Könige wie Konrad II. und andere Lehnsherren Bistümer und Abteien oft gegen ansehnliche materielle Gegenleistungen.

2. Der Kampf um die libertas ecclesiae

Gegenüber solchen Mißbräuchen entstand der Ruf nach Reformen. Eine wichtige Keimzelle dieser Reformen war das Kloster Cluny. Ziel der cluniazensischen Klosterreformen war zunächst die Verinnerlichung des klösterlichen Lebens und die Wiederherstellung der Klosterdisziplin. Da man einen Hauptgrund für den Verfall des klösterlichen Lebens in der oft simonistischen Bestellung der Klosteroberen sah, galt es vor allem, die Klöster von Laienbesetzung und Laieneinfluß zu befreien.

Aber auch für den Weltklerus war die kanonische Ordnung wiederherzustellen. Träger dieser zweiten Etappe der Kirchenreform wurde der Papst. Ein wichtiger Schritt galt der Reform der Papstwahl. Nach bisherigem Recht war der Papst vom Volk und vom Klerus von Rom zu wählen. Um das Papsttum aus dem Einfluß und den Streitigkeiten der römischen Adelsparteien zu befreien, hatten Otto der Große und Heinrich III. eingegriffen. 1058 wurde der Papst, abweichend von der herkömmlichen Praxis, in Siena durch die Kardinäle gewählt. Papst Nikolaus II. legalisierte nachträglich seine Wahl durch das Papstwahl-Dekret von 1059 und bestimmte, daß künftig die Papstwahl, wie geschehen, durch die Kardinäle vorzunehmen sei. Dem übrigen Klerus und dem Volk wurde nur eine rechtlich bedeutungslose Akklamation vorbehalten.

Der nächste Schritt war der Kampf um die Besetzung der Bistümer. Schon 1059 hatte ein päpstliches Dekret es verboten, daß Kirchenämter durch Laien verliehen würden. Gregor VII. erneuerte auf der römischen Fastensynode von 1075 dieses Verbot. Ausdrücklich wurde es nun auch dem König untersagt, Bischöfe zu ernennen. Dieses Verbot berührte nicht nur kirchliche Einflußnahmen des Königs, sondern traf – wegen der engen Verbindung von Kirchenämtern und Reichsaufgaben – einen zentralen Punkt der Reichsverfassung. Als die großen Exponenten dieses Streites um die Investitur der Bischöfe sind Heinrich IV. und Gregor VII. in die Geschichte eingegangen.

Geschlichtet wurde der Streit durch das Wormser Konkordat (s.o. § 7): Der König gestand kanonische Wahl der Bischöfe und Äbte des Reiches zu; in den deutschen Bistümern hatte diese Wahl aber in Gegenwart des Königs oder seines Stellvertreters zu geschehen; bei zwiespältigen Wahlen hatte er ein Entscheidungsrecht. Das geistliche Amt sollte von nun an – mit Ring und Stab – durch den Metropoliten übertragen werden.

Die temporalia hingegen wurden weiterhin vom König verliehen. Er nahm also die Investitur mit den weltlichen Hoheitsrechten und dem Reichslehen vor und empfing dafür den Lehens- und Treueid des Bischofs. Diese mit dem Szepter vorgenommene Investitur (Sachsenspiegel, Landrecht III 60, § 1) geschah in Deutschland vor der Bischofsweihe, so daß der König durch ihre Verweigerung faktisch einen mißliebigen Kandidaten ausschließen konnte. In Italien und Burgund wurde die Einweisung in die temporalia binnen sechs Monaten nach der Bischofsweihe vorgenommen.

1209 gestand Otto IV. die volle Freiheit der kirchlichen Wahlen zu und gab damit für die Bischofswahlen die noch verbliebenen Mitwirkungsrechte auf, während die temporalia bis zum Jahre 1806 durch den König verliehen wurden.

3. Höhe und Niedergang päpstlicher Herrschaft

Der Kampf um die Freiheit der Kirche war nur ein Übergang zum päpstlichen Anspruch nicht nur auf den geistlichen, sondern auch den weltlichen Vorrang vor dem Kaisertum. Vorbereitet war dieser Anspruch durch die Legende von der Konstantinischen Schenkung (s.o. § 8 III). Theologisch überhöht wurde er durch die Lehre von der göttlichen Einsetzung der weltlichen und der geistlichen Gewalten. Sie wurde schon von

Papst Gelasius I. 496 (in einem Brief an Kaiser Anastasius) formuliert, später zu einem Anspruch auf Vorrang der geistlichen Gewalt gesteigert und in der Zwei-Schwerter-Lehre in das Bild einer Oberlehensherrschaft des Papstes gekleidet. Das Bild von den zwei Schwertern entnahm man einer vagen Stelle des Lukas-Evangeliums (Luk. 22, 38): Das Reich Gottes auf Erden, das „unum corpus christianorum", werde durch zwei Schwerter – das geistliche und das weltliche – regiert. Nach der kaiserlichen Auffassung hatte Gott dem Papst das geistliche, dem König das weltliche überlassen (Sachsenspiegel, Landrecht I 1; s. aber auch III 52 § 1). Nach der kurialen Doktrin waren beide Schwerter ursprünglich in die Hand des Petrus und seiner Nachfolger gelegt, die das weltliche Schwert dem Kaiser übertrügen, damit er es zum Schutz der Kirche und unter deren Leitung führe (so auch der Schwabenspiegel, Landrecht Vorwort, d), was eben den Papst als Lehnsherrn des Kaisers symbolisierte.

Den Vormachtanspruch nahm schon Gregor VII. in sein kirchenpolitisches Programm auf und formulierte ihn 1075 im Dictatus Papae (Nrn. 8–12). Er selbst konnte ihn aber nicht verwirklichen. Seine Auseinandersetzung mit Heinrich IV. zeigte, daß beide Gegner noch etwa gleich stark waren. Gregor starb im Exil. Aber sein Programm wurde von seinen Nachfolgern aufgenommen. Innozenz III. (1198–1216) erstieg die Höhe der päpstlichen Macht. Nach der Doppelwahl Ottos IV. und Philipps von Schwaben beanspruchte er das Schiedsrichteramt als übergeordnete Instanz und proklamierte in der Bulle Venerabilem (1202) „Recht und Hoheit zur Prüfung der Person, die zum König gewählt wurde und zum Kaisertum erhoben werden soll", kurz, das Approbationsrecht des Papstes für die Wahl des deutschen Königs.

Aber nur kurze Zeit konnte sich das Papsttum auf der Höhe der Universalherrschaft halten. Der päpstliche Bann verlor seine Kraft, nachdem sein taktischer Gebrauch offenkundig geworden war. Unter dem glanzvollen Friedrich II. kam es erneut zu einer Machtprobe mit dem Papsttum. Doch als Gregor IX. Friedrich bannte (1239) und sein Nachfolger, Innozenz IV., auf dem Konzil von Lyon (1245) Friedrich für abgesetzt erklärte und die deutschen Fürsten zu einer Neuwahl aufforderte, fand das nur mäßigen Widerhall.

4. Die Emanzipation der Staatsgewalt von päpstlichen Einflüssen

Anstelle des deutschen Kaisertums war dem Papsttum im nationalen Territorialstaat ein neuer, gefährlicherer Gegenspieler erwachsen, der nun mit dem Anspruch auf absolute Herrschaft und auf Nichteinmischung das Feld der Weltpolitik betrat.

In Frankreich entstanden seit dem Ende des 13. Jahrhunderts immer kräftiger werdende Ansätze zu einem Nationalkirchentum. Als Philipp der Schöne von Frankreich sich in kirchliche Angelegenheiten einmischte, proklamierte Bonifaz VIII. in der Bulle Unam Sanctam (1302) noch einmal – gestützt auf die Zwei-Schwerter-Lehre – den Anspruch auf geistlichen und weltlichen Vorrang. Aber dieses Dokument wurde zum Abgesang päpstlicher Weltherrschaft. Philipp ließ den Papst gefangennehmen, um ihn vor ein Konzil zu stellen; Bonifaz wurde zwar befreit, starb aber bald darauf in Rom. Der 1305 zum Papst gewählte Clemens V. verlegte den Sitz der Kurie nach Avignon und brachte so das Papsttum in Abhängigkeit vom französischen König. In diesem Jahrhundert wurde auch der Grund gelegt für die gallikanischen Freiheiten, die in Denkschriften der Pariser Universität von 1394 und 1407 gefordert, im Jahre 1438 auf der Synode von Bourges beschlossen und vom König zum Gesetz erhoben wurden (Pragmatische Sanktion von Bourges 1438). Hier wurde ausgesprochen, daß der König von Frankreich unabhängig von Papst und Kaiser ist – eine Wurzel der hundertfünfzig Jahre später formulierten Souveränitätslehre Bodins. Der König sollte weitgehenden Einfluß auf die Besetzung der höheren Kirchenämter haben. Und das Pariser Parlament sollte als höchster Gerichtshof auch für Appellationen in geistlichen Angelegenheiten zuständig sein: zur Nachprüfung, ob nicht die Grenzen der innerkirchlichen Strafgewalt überschritten wurden (appel comme d'abus). Im Jahre 1516 wurde das Nominationsrecht des Königs für Bistümer, Abteien und Priorate durch Konkordat festgelegt und dem Papst lediglich eine nachfolgende Bestätigung vorbehalten. Damit war die im Investiturstreit einst so heiß umkämpfte Position gegenüber Frankreich auch formell aufgegeben.

In England wurde der erste große Zusammenstoß in dem tragischen Konflikt zwischen Heinrich II. und Thomas Becket, dem Erzbischof von Canterbury, ausgetragen. Hier stand im Mittelpunkt der Streit um die Konstitutionen von Clarendon (1164), welche die Geistlichkeit wieder der königlichen Gerichtsbarkeit unterstellten. Zur Zeit des Hundertjährigen Krieges residierten die Päpste in Avignon und standen unter französischem Einfluß; so verstand es sich von selbst, daß England die seit Johann Ohneland (1213) geleisteten Tributzahlungen an den Papst einstellte und daß Appellationen an den Papst untersagt wurden (1353). Der König hatte die Verfügung über die großen Benefizien und konnte in der Regel die Bischofswahl der Domkapitel lenken. In jene Zeit fiel auch das reformatorische Wirken John Wycliffs (1320–1384). Ihren Abschluß fand die Emanzipation der englischen Kirche vom Papsttum freilich erst mit der Suprematsakte Heinrichs VIII. (1534).

In Deutschland setzte sich der Zug zur Emanzipation der Staatsgewalt von päpstlichen Einflüssen unter Ludwig dem Bayern und Karl IV. durch. Seit 1338 war es Gesetz, daß schon die Kurfürstenwahl allein den Kaiser mache (s.o. § 8). Die Reichsgewalt war aber zu schwach, um die Schwäche des Papsttums zu einer nationalkirchlichen Bewegung nutzen zu können. Die Pläne Friedrichs III. und Maximilians I. für ein deutsches Nationalkonzil wurden nicht Wirklichkeit.

Ansätze zu einem Landeskirchentum bestanden aber in den einzelnen Territorien, in denen sich der Zug zum Absolutismus zum Teil in einem recht energischen landesherrlichen Kirchenregiment ankündigte. Schon Rudolph IV. von Österreich (gest. 1365) hatte verkündet: „In meinem Lande will ich Papst, Erzbischof, Bischof, Archidiakon und Dekan sein"; und der Satz „Dux Cliviae est papa in territoriis suis" wurde zum geflügelten Wort (Feine, S. 443).

Nach der Epoche des Schismas und des Konziliarismus galt

es für Papst Eugen IV. und seinen Nachfolger, zunächst wieder den Vorrang des Papstes vor den Konzilien zu sichern. Für die Unterstützung dieses Bestrebens wurden den Reichsfürsten durch die vier Fürstenkonkordate von 1447 und dem Reich durch das Wiener Konkordat von 1448 wichtige Einflüsse auf die Besetzung hoher Kirchenämter verbrieft und damit auch Ansätze für das sich herausbildende Landeskirchentum geschaffen. Dieses ist also keine unvermittelte Schöpfung der Reformation, sondern fügte sich in Tendenzen ein, die sich bereits angebahnt hatten.

Literaturnachweise in: Friedberg, §§ 13, 14, 15 III; *v. Schwerin/Thieme,* § 54; *Mitteis/Lieberich,* Kap. 21 II; *Feine,* §§ 23, 24; *Conrad,* I S. 294 ff.; *R. Zippelius,* Staat und Kirche, 1997, Kap. 4–8.

II. In der Neuzeit

Wesentliche staatskirchenrechtliche Positionen wurden im Gefolge der Reformation festgelegt. Die im Wormser Edikt von 1521 verhängte Reichsacht über Luther und seine Anhänger hatte sich als undurchführbar erwiesen. Nach dem Speyerer Reichsabschied von 1526 sollte vorläufig jeder Reichsstand in dieser Sache handeln, wie er „solches gegen Gott und Kayserliche Majestät hoffet und vertrauet zu verantworten". Gegen den Versuch, wenigstens den Fortgang der Reformation von Reichs wegen zum Stillstand zu bringen, hatten die evangelischen Reichsstände auf dem Speyerer Reichstag von 1529 protestiert und wurden von da an Protestanten genannt. Nach einigen Zwischenlösungen, die von mannigfaltigen innen- und außenpolitischen Konflikten begleitet waren – wie dem Nürnberger „Religionsfrieden" von 1532, dem Augsburger Interim von 1548 und dem Passauer Vertrag von 1552 – wurde im Jahre 1555 der Augsburger Religions- und Landfrieden (RLF) als Reichsabschied erlassen, in welchem sich das Reich bis auf weiteres mit der konfessionellen Spaltung abfand.

Nach dieser Landfriedensregelung sollten weder Kaiser noch König noch die Stände einen Stand des Reichs wegen der augsburgischen Konfession, „so sie aufgericht oder nachmals aufrichten möchten", mit Gewalt überziehen; umgekehrt sollten auch die Stände der augsburgischen Konfession die anderen unbehelligt lassen (§15 RLF). In dem: „so sie aufgericht oder ... aufrichten möchten" steckte das später so genannte „jus reformandi". Diese Landfriedensregelung galt nur zugunsten der katholischen und der augsburgischen Konfession (§17 RLF) und sie galt nur für die Reichsstände, nach umstrittener Praxis auch für die Reichsstädte und die Reichsritterschaft (dazu später Art. V §§ 28, 29 IPO). Geistliche Territorien sollten aber katholisch bleiben (§18 RLF), was indessen nicht durchwegs eingehalten wurde. Die Untertanen genossen nicht die Konfessionsfreiheit, sondern folgten dem Bekenntnis ihres Landesherrn. Für sie galt – wie man später formulierte – der Grundsatz „cuius regio, eius religio" (J. Stephani). Waren sie mit der Konfession des Landesherrn aber nicht einverstanden, so konnten sie in ein Land ihrer Konfession auswandern (§ 24 RLF); so war die Toleranz zunächst in ein Emigrationsrecht abgewandelt. Am weitesten war die Toleranz in konfessionell gemischten Reichsstädten entwickelt; in ihnen sollte Parität herrschen (§ 27 RLF).

Diese Landfriedensregelung wurde ergänzt durch eine Suspendierung der geistlichen Jurisdiktion in den lutherischen Territorien (§ 20 RLF). Insoweit wurden auch die reichsrechtlichen Strafbestimmungen über die Ketzerei unanwendbar.

Durch das jus reformandi – und auch durch die Konsolidierung der landesherrlichen Territorialgewalt (s.o. § 14 II) – wurden die Landesherren zur obersten geistlichen Autorität ihres Landes, der das Kirchenregiment zukam. Zudem verlangte der Streit der Konfessionen nach einer Verständigungsbasis außerhalb der unterschiedlichen theologischen Standpunkte und förderte damit die Säkularisation des Naturrechts und der politischen Gewalt (vgl. H. Grotius, De jure belli ac pacis, 1625, Vorrede Nr. 11 und Buch 2 Kap. 15 VIII). In England wurde die Säkularisation der politischen Gewalt auch dadurch vorangebracht, daß die Religion – vor allem durch die Independenten – zu einer inneren Angelegenheit spiritualisiert und der Staat als Ergebnis menschlicher Übereinkunft rationalisiert wurde (siehe etwa das Agreement of the People von 1647, insbesondere IV 1).

Der Westfälische Frieden von 1648 bestätigte später im wesentlichen die staatskirchenrechtliche Lage, die der Augsburger Religionsfrieden geschaffen hatte (Art. V IPO). Das jus reformandi wurde jetzt auch den Reformierten zugestanden (Art. VII IPO). Auf dem Reichstag sollte in Religionssachen keine Partei majorisiert werden (dazu oben § 11). Die Rücksicht auf die Untertanen und der Toleranzgedanke bahnten sich langsam an: Der Landesherr mußte den Angehörigen einer anderen Konfession, wenn er sie nicht zur Auswanderung zwang, die Hausandacht und die vollen bürgerlichen Rechte zugestehen. Wo im Normaljahr 1624 aber freie Religionsausübung galt, sollte sie erhalten bleiben.

Das staatskirchenrechtliche Gefüge wurde von Grund auf durch die Säkularisation kirchlicher Territorien und Besitztümer umgestaltet, die sich von 1803 an vollzog (s.u. § 18 I 2). Die Fürstbischöfe des Reichs waren nicht selten nachgeborene Fürstensöhne, hatten als Territorialherren eigenen Rückhalt und feste Verwurzelung im Reich und wahrten eine beträchtliche Selbständigkeit gegenüber dem Papst. Seinen Ausdruck fand dies noch gegen Ende des 18. Jahrhunderts in einer neuen Woge der episkopalistischen Bewegung, zumal in der Emser Punktation von 1786. Der Verlust der territorialen Ausstattung – auch der Kirchen- und Klostergüter – führte nun dazu, daß auch die katholische Kirche weitgehend darauf angewiesen war, vom Staat unterhalten zu werden, was etwa im Kulturkampf – anläßlich des Bismarckschen Brotkorbgesetzes – für sie fühlbar wurde (s. u. § 24 II 2). Andererseits war es aus der Sicht der Kurie ein Gewinn, daß die hohen geistlichen Würdenträger nun ihren wichtigsten Halt im Papsttum suchten und „ultramontan" wurden. So ist es kein Zufall, daß im Jahrhundert der Säkularisation auf einem Vatikanischen Konzil der Universalepiskopat und die Unfehlbarkeit des Papstes zum Dogma erhoben wurden.

Literaturnachweise in: Friedberg, §§ 21–24; *Mitteis/Lieberich,* Kap. 40 II, 44 I; *Feine,* § 46 II; *Conrad,* II S. 19ff., 31ff., 190ff.; *M. Heckel,* Deutschland im konfessionellen Zeitalter, 1983; *ders.* Gesammelte Schriften, I und II 1989; *Willoweit,* §§ 19–21; *HRG* Artikel: Augsburger Religionsfriede, Cuius regio – eius religio, Jus reformandi, Kirchenrecht (= Staatskirchenrecht).

Kapitel 3

Verfassungsentwicklungen im neunzehnten Jahrhundert

§ 18. Staatliche Veränderungen im Zeitalter Napoleons

Die fortschreitende Zersplitterung des Reichs ließ sich nicht aufhalten. 1792 zählte man innerhalb des Deutschen Reichs 294 mehr oder minder „souveräne" reichsständische Territorien (s.o. § 14 I). Die Friedensschlüsse von Münster und Osnabrück trugen völkerrechtlichen Charakter und bezogen auswärtige Mächte – Frankreich und Schweden – ein.

Erst die napoleonischen Kriege brachten aber die förmliche Auflösung des Reichs. Eine der Ursachen des Ersten Koalitionskrieges war die Besorgnis der Revolutionäre Frankreichs, andere europäische Staaten könnten zugunsten der Monarchie intervenieren, wie das in der Pillnitzer Erklärung (1791) des deutschen Kaisers und des Königs von Preußen in Aussicht gestellt wurde. Auch versprach sich die Gesetzgebende Versammlung von einer Ablenkung der Nationalinteressen auf auswärtige Kriege wohl eine Festigung ihrer Herrschaft.

I. Veränderungen im Gefolge der Koalitionskriege

1. Der Erste Koalitionskrieg (1792–1797)

Österreich und Preußen hatten 1792 ein Verteidigungsbündnis gegen Frankreich geschlossen. Bald darauf erklärte Frankreich Österreich den Krieg. Den Revolutionsheeren gelang die Eroberung Belgiens und die Besetzung des linken Rheinufers. Nach der Hinrichtung Ludwigs XVI. traten das Deutsche Reich, England, Holland, Spanien, Sardinien, Neapel und Portugal dem Bündnis gegen Frankreich bei.

1795 zog sich Preußen, das durch die dritte Teilung Polens engagiert war, aus der Koalition zurück und schloß – unter Bruch der Reichskriegsverfassung (s.o. § 12 I) – den Separatfrieden zu Basel: Frankreich sollte bis zum Friedensschluß mit dem Reich im Besitz der linksrheinischen preußischen Gebiete bleiben. In einem geheimen Zusatz willigte Preußen in deren Abtretung gegen angemessene Entschädigung ein.

1797 wurde zwischen Frankreich und Österreich der Frieden zu Campo Formio geschlossen, in welchem die österreichischen Niederlande (Belgien) an Frankreich abgetreten wurden; zum Ausgleich dafür sollte die bisher selbständige Republik Venedig an Österreich fallen. In einem geheimen Zusatz bot Österreich an, darauf hinzuwirken, daß das linke deutsche Rheinufer vom Reich an Frankreich abgetreten werde; die betroffenen Fürsten sollten durch rechtsrheinische Gebiete entschädigt werden. Damit war, wie bereits im preußischen Geheimabkommen, schon jetzt auch die Demontage der geistlichen Kurfürstentümer ins Auge gefaßt: Die Auflösung der Reichsverfassung gewann Gestalt.

2. Der Zweite Koalitionskrieg (1799–1802)

1799 brachte England, das sich noch im Kriege mit Frankreich befand, eine zweite Koalition zustande, an der nun das Reich, ferner Rußland, Portugal, Neapel und die Türkei beteiligt waren. Der Zweite Koalitionskrieg endete für das Reich – nach der Niederlage von Hohenlinden – 1801 im Frieden von Lunéville. Der vom Kaiser für das Reich geschlossene und vom Reichstag genehmigte Frieden sah die Abtretung des linken Rheinufers und die Entschädigung der erblichen Fürsten im rechtsrheinischen Gebiet vor (Art. 7).

Diese Entschädigung mußte zur Säkularisation und Mediatisierung des rechtsrheinischen geistlichen Besitzes und zur Mediatisierung kleinerer reichsunmittelbarer Territorien und damit insgesamt zu einer territorialen „Flurbereinigung“ führen. Um diese vorzubereiten, trat 1802 eine außerordentliche Reichsdeputation in Regensburg zusammen. Ihrer Beratung und ihrem Beschluß lag ein von Frankreich und Rußland ausgearbeiteter Kompromißvorschlag zugrunde. Der Reichsdeputationshauptschluß vom 25.2. 1803 wurde am 24. 3. 1803 durch Beschluß des Reichstags angenommen und durch Ratifikationsdekret des Kaisers vom 27. 4. 1803 zum Reichsgesetz erhoben. Säkularisiert und mediatisiert wurden fast alle geistlichen Gebiete; bestehen blieben nur das Fürstentum Regensburg als neuer Sitz und Besitz des Erzkanzlers, dessen Stuhl von Mainz auf die Domkirche zu Regensburg übertragen wurde (§ 25 RDH), ferner der Deutsche Orden und der Malteserorden (§ 26 RDH). Mediatisiert wurden alle Reichsstädte, ausgenommen Augsburg, Bremen, Frankfurt am Main, Hamburg, Lübeck und Nürnberg (§ 27 RDH). Hinzu kam die Ermächtigung, die landesansässigen Stifte und Klöster zu konfiszieren (§ 35 RDH); von dieser Befugnis wurde allgemein Gebrauch gemacht. Der Besetzung Hannovers durch Frankreich sah das Reich passiv zu.

3. Der Dritte Koalitionskrieg (1805)

In der folgenden Zeit brachte England gegen die Hegemonie Frankreichs eine neue Koalition mit Österreich, Rußland und Schweden zustande, während die süddeutschen Staaten auf Seiten Napoleons standen.

Rußland schied nach der Niederlage bei Austerlitz aus der Koalition aus.

Preußen, das neutral geblieben war, trat im Vertrag zu Schönbrunn vom 15. 12.1805 die Gebiete von Cleve und Neuenburg an Frankreich und die Markgrafschaft Ansbach an Bayern ab; es erhielt dafür die Zusage, Hannover zu bekommen.

Der Kaiser erkannte im Frieden zu Preßburg vom 26.12. 1805 die Erhebung Bayerns und Württembergs zu Königreichen an. Österreich erlitt erhebliche Gebietsverluste zugunsten Italiens und Bayerns, bekam aber das Fürstentum Salzburg. Bayern bekam auch noch die freie Reichsstadt Augsburg zugesprochen. Dieser in die Reichsverfassung eingreifende Vertrag wurde zuständigkeitshalber dem Reichstag vorgelegt, der aber nicht über ihn verhandelte.

4. Der Krieg Frankreichs gegen Preußen und Rußland

Preußen war seit 1805 mit Rußland verbündet. 1806 verlangte es ultimativ eine Zurückziehung der französischen Truppen aus den in Süddeutschland gelegenen preußischen Gebieten und erklärte Frankreich den Krieg. Nach dem Sieg Napoleons über die preußischen Truppen bei Jena und Auerstedt (1806) und über die Russen in der Schlacht von Friedland endete der Krieg im Jahre 1807 durch den Frieden von Tilsit. In ihm trat Preußen alle Besitzungen westlich der Elbe zugunsten des neu gegründeten Königreichs Westfalen ab; darüber hinaus verlor es die Markgrafschaft Bayreuth, ferner die meisten seiner polnischen Gebiete, aus denen das Großherzogtum Warschau gebildet wurde. Danzig wurde freie Stadt.

Literaturnachweise in: Mitteis/Lieberich, Kap. 44 I 5; *HRG* Artikel: Reichsdeputationshauptschluß, Säkularisation.

II. Der Rheinbund und das Ende des Reichs

Am 12. 7. 1806 unterzeichneten die Gesandten von 16 deutschen Fürsten in Paris die Rheinbundakte; später traten noch weitere Territorien dem Rheinbund bei, nicht aber Österreich, Preußen, Schwedisch Pommern und Holstein. Am 1. 8. 1806 erklärten die Bevollmächtigten der Rheinbundfürsten in Regensburg dem Reichstagsbevollmächtigten die Trennung ihrer Länder vom Deutschen Reich. Am selben Tage erklärte der französische Gesandte dem Reichstag, daß der Kaiser der Franzosen die Existenz der deutschen Verfassung nicht mehr anerkenne. Auf ein Ultimatum Napoleons hin legte Kaiser Franz II. am 6. 8. 1806 die deutsche Kaiserkrone nieder und führte nurmehr den Titel Kaiser von Österreich, den er sich 1804 beigelegt hatte.

Seiner Rechtsnatur nach war der Rheinbund ein völkerrechtlicher Verein souveräner Staaten, Organ des Rheinbundes war die Bundesversammlung, ihr Präsident der Fürstprimas – der bisherige Kurerzkanzler Dalberg; politische Zentrale war München mit dem Minister Graf Montgelas. Politisch ging es darum, die deutschen Mittelstaaten ohne Österreich und Preußen unter französischer Hegemonie zusammenzuschließen. Die im Reichsdeputationshauptschluß begonnene Arrondierung wurde zugunsten der Rheinbundfürsten erweitert. Ihrer Souveränität wurden durch die Rheinbundakte unterworfen: die Gebiete der Reichsritterschaft, d.h. des kleinen Adels, der zwar Reichsunmittelbarkeit, nicht aber Reichsstandschaft erreicht hatte; ferner die Gebiete zahlreicher reichsständischer Fürsten und Grafen und die Reichsstädte Nürnberg, das an Bayern kam, und Frankfurt am Main, das dem Fürstprimas Dalberg zugesprochen wurde.

Literaturnachweise in: Hartung, § 38; *Mitteis/Lieberich,* Kap. 44 II; *Eisenhardt,* § 51; *HRG* Artikel: Rheinbund.

III. Der Ausgang der Napoleonischen Epoche

1. Die Befreiungskriege

Im Jahre 1809 unternahm Österreich, auf sich allein gestellt, einen Befreiungskrieg gegen Frankreich. Bei Aspern erlitt Napoleon seine erste größere Niederlage, er vermochte aber bei Wagram den Sieg zu erringen. Im Frieden von Schönbrunn trat Österreich Salzburg und das Innviertel an Bayern ab, andere Gebiete an das Großherzogtum Warschau und an Rußland.

Im Jahre 1812 begann Napoleon den Krieg gegen Rußland, der nach dem Brand von Moskau und dem verlustreichen Rückzug in der Auflösung der napoleonischen großen Armee endete.

1813 folgte das Bündnis zwischen Rußland und Preußen. Im August trat Österreich dem Bündnis bei. Im Oktober siegten die Verbündeten in der Völkerschlacht bei Leipzig. Metternich versuchte, Napoleon zum Frieden zu bewegen, um zu verhindern, daß Rußland ein zu großes Übergewicht in Europa bekam, und bot ihm die Rheingrenze an. Napoleon lehnte ab.

Bald darauf kam es zur Auflösung des Rheinbundes. Bayern und die übrigen Rheinbundstaaten schlossen sich den Verbündeten an: gegen Zusicherung ihres Besitzstandes und ihrer Souveränität.

Im Jahre 1814 marschierten die Verbündeten in Frankreich ein. Nach ihrem Einzug in Paris dankte Napoleon ab. Im April kehrten die Bourbonen auf den französischen Thron zurück. Im Ersten Pariser Frieden vom 30. 5. 1814 behielt Frankreich im wesentlichen seine Grenzen von 1792.

2. Der Wiener Kongreß

Zwei Ordnungsaufgaben stellten sich am Ende der Napoleonischen Epoche: Es galt die internationalen Fragen zwischen den europäischen Mächten zu lösen, die an den Kriegen beteiligt waren, und die innerdeutsche Ordnung zwischen den einstigen Ländern des Deutschen Reichs zu regeln. Beides waren Themen des Wiener Kongresses (November 1814 bis Juni 1815). Die erste dieser Fragen wurde in der Wiener Kongreßakte vom 9. 6. 1815, die zweite in der Deutschen Bundesakte vom 8. 6. 1815 – später ergänzt durch die Wiener Schlußakte vom 15. 5. 1820 – gelöst (dazu unten § 21).

Die Verflechtung der deutschen mit der europäischen Frage wurde darin sichtbar, daß die Deutsche Bundesakte zu einem Bestandteil der Wiener Kongreßakte erklärt wurde (Art. 53–64 und 118 der Wiener Kongreßakte und deren Beilage 9), zum andern auch dadurch, daß der englische König in Personalunion zugleich König von Hannover, der dänische König zugleich Herzog von Holstein und Lauenburg, der niederländische König zugleich Großherzog von Luxemburg, jeder also zugleich deutscher Landesfürst war.

Leitgedanke der territorialen Neuordnung Europas war die Herstellung und Wahrung des europäischen Gleichgewichts. So erklärt es sich, daß Frankreich zunächst annähernd in den Grenzen von 1792 und nach der Niederlage bei Waterloo – im Zweiten Pariser Frieden vom 20. 11. 1815 – annähernd in den Grenzen von 1790 bestätigt wurde. Im übrigen wurden die territorialen Veränderungen der Napoleonischen Epoche teils bestätigt, teils ergänzt; nicht zuletzt ging es auch um die Fragen des Fortbestandes von Polen und Sachsen. Hauptbestimmungen der Wiener Kongreßakte waren:

Österreich verzichtete auf die habsburgischen Niederlande (die mit Holland zum Königreich der Niederlande vereinigt wurden) und auf die vorderösterreichischen Länder am Oberrhein (die an Baden und Württemberg kamen); es erhielt (zurück): Salzburg, das Innviertel, Tirol, Vorarlberg, Kärnten, Krain, Triest, Mailand, Venetien und Galizien.

Preußen überließ an Hannover Ostfriesland, Hildesheim, Goslar und Lingen, ferner an Rußland den größten Teil seiner polnischen Erwerbungen; es erhielt die nördliche Hälfte des Königreichs Sachsen, Gebiete in Westfalen und die Rheinprovinz (mit Aachen und den Gebieten der einstigen Erzbistümer Köln und Trier und der Herzogtümer Jülich und Berg); von Dänemark tauschte es Schwedisch-Pommern (mit Rügen) gegen Lauenburg ein.

Bayern behielt das Gebiet der Markgrafschaft Ansbach-Bayreuth und die Reichsstädte Augsburg und Nürnberg. Schon 1814 hatte es das Gebiet des vormaligen Hochstifts Würzburg und große Gebiete des einstigen Kollegiatstifts Aschaffenburg hinzuerworben.

Frankfurt wurde schon 1813 freie Stadt.

Literaturnachweise in: Conrad, II S. 64 ff.; *Willoweit,* § 27.

§ 19. Die preußischen Reformen

I. Die historischen Bedingungen

Die sich zu Bildung und Besitz erhebende bürgerliche Gesellschaft stand in einem Gegensatz zu dem autoritären Regime des aufgeklärten Absolutismus. Durch die Niederlage bei Jena und Auerstedt (1806) traten die Mißstände des Staatswesens dann in das helle Bewußtsein: ein unzweckmäßig gewordener Verwaltungsorganismus, eine überlebte ständische Gliederung, Zunftzwang in den Städten und die drückende Lage der unfreien Bauern und des gutsherrlichen Gesindes auf dem Lande. Dies alles führte nicht zuletzt auch zu Gleichgültigkeit in den öffentlichen Angelegenheiten. Insbesondere wurde der Heeresdienst von den ausgehobenen Rekruten oft nur als schlimme Last empfunden; sie waren „unsichere Kantonisten“, deren Kampfbereitschaft im Gefecht nur durch den Einsatz in geschlossener Formation gesichert war.

Auf all das sollten Reformen eine Antwort geben. Hardenberg hatte schon 1797 vorgeschlagen, das Generaldirektorium (s. u. II 3) durch Fachministerien zu ersetzen. Freiherr vom Stein, seit 1804 preußischer Staatsminister im Generaldirektorium, hatte sich dann 1805 für eine Reorganisierung der Staatsführung eingesetzt; nach Jena und Auerstedt verlangte er sie mit Nachdruck. Darüber kam es zum Bruch mit dem König. Stein wurde Anfang 1807 auf seinen Antrag entlassen und arbeitete anschließend im Juni 1807 eine Denkschrift aus, die ein Reformprogramm enthielt. Nach dem Frieden von Tilsit wurde er auf Vorschlag Napoleons zum preußischen Staatskanzler berufen und erhielt so die Chance, auf die Realisierung seines Programms hinzuwirken.

II. Die Reformen

Durch die nun beginnenden Reformen wurden auf stille Weise auch wichtige Ergebnisse der Französischen Revolution übernommen. Ziele waren eine Umgestaltung des Verwaltungsorganismus, die Entfaltung der wirtschaftlichen Kräfte und des Selbstbewußtseins der Nation und die Weckung des Engagements für die öffentlichen Angelegenheiten. Mittel zur Erreichung dieser Ziele waren die Befreiung der Einzelnen aus sozialen und wirtschaftlichen Beschränkungen, die ihren Aufstieg behinderten; ferner sollten durch eine Selbstverwaltung in Städten und Gemeinden der Gemeinsinn für Staat und Gemeinden geweckt und die Einzelnen zu verantwortlicher Mitarbeit gewonnen werden (Schreiben der Minister Freiherr von Schrötter und Freiherr vom Stein vom 9. 11. 1808). Selbst für den Heeresdienst sollten die Bürger innerlich engagiert werden (in diesem Sinne insbesondere die Verordnung über die Organisation der Landwehr vom 17. 3. 1813).

1. Die Bauernbefreiung

In Bestätigung und Erweiterung früherer Verfügungen erklärte das Edikt vom 28. 10. 1807 die Leibeigenschaft und Erbuntertänigkeit aller Bauern, die auf Staatsdomänen saßen, für aufgehoben. Der allgemeinen Befreiung der Bauern sollte zunächst das Edikt vom 9. 10. 1807 dienen. Es hob die Schollenpflichtigkeit und den Gesindezwangsdienst auf und gab jedem Bauern damit Freizügigkeit und das Recht, in den Bürgerstand zu treten, ließ jedoch die Patrimonialgerichtsbarkeit und die niedere Polizeigewalt der Gutsherren für die Bewohner der Gutsbezirke (s.o. § 10 I) bestehen. Das Edikt vom 14. 9. 1811 bestimmte die Bauern zu freien Eigentümern ihrer Stellen, allerdings gegen Entschädigung der Gutsherren durch einen Teil des Bauernlandes oder durch Renten in Geld oder Korn.

Die Vollendung dieser Reformen scheiterte aber später am Widerstand des Adels und des Königs. Die Entschädigungsansprüche der Gutsherren begünstigten die Entstehung adeligen Großgrundbesitzes und standen einer Entstehung leistungsfähiger Bauernhöfe im Wege. 1816 wurde die Bauernbefreiung auf die größeren Bauern beschränkt.

2. Die Wirtschaftsreform

Das schon erwähnte Edikt vom 9. 10. 1807 brachte allen die Freiheit des Grundstückserwerbs, gab Adeligen das Recht, bürgerliche Gewerbe zu betreiben und Bauern das Recht, in den Bürgerstand zu treten. Das Hardenbergsche Edikt über die Gewerbesteuer vom 28. 10. 1810 führte grundsätzlich die Gewerbefreiheit für jedermann ein; das schloß die Beseitigung der Bann- und Monopolrechte ein. Durch das Edikt vom 7. 9. 1811 wurde der Innungs- und Zunftzwang noch einmal ausdrücklich aufgehoben.

3. Verfassungs- und Verwaltungsreformen

Auf den Gebieten der Verfassung und Verwaltung sind zwei Reformgesetze vorbildlich geworden.

Die Staatsverwaltung wurde durch Verordnung vom 24. 11. 1808 reorganisiert. Das bis dahin regierende Generaldirektorium, das neben wenigen Fachressorts Provinzialministerien enthielt, wurde ersetzt durch fünf Fachministerien: für Inneres, Finanzen, Justiz, Auswärtiges und Krieg. In der Folge wurde das Land in Provinzen (an der Spitze: Oberpräsidenten), Regierungsbezirke (mit Regierungspräsidenten) und Kreise (mit Landräten) eingeteilt.

Die Städteordnung vom 29. 11. 1808 erweckte die Selbstverwaltung zu neuem Leben. Die Städte wurden zu Körperschaften des öffentlichen Rechts erklärt. Die Willensbildung wurde in die Hände der Stadtverordnetenversammlung gelegt, die von den Bürgern auf Grund allgemeinen und gleichen Wahlrechts gewählt wurde. Von den Stadtverordneten sollte ein Magistrat einschließlich des Bürgermeisters gewählt werden. Diese waren ausführendes Organ in den eigenen Angelegenheiten der Stadt und staatliches Organ in den übertragenen Angelegenheiten.

Auf dem Lande wurde die Selbstverwaltung jedoch zunächst nicht und später nur unvollkommen durchgesetzt. Der Einrichtung einer begrenzten Selbstverwaltung dienten die Kreisordnungen von 1825–1828 und die Gemeindeordnungen, die aber erst um die Jahrhundertmitte erlassen wurden.

4. Die Heeresreform

Bis 1806 rekrutierte sich das Heer aus geworbenen Ausländern und aus Landeskindern, die zum Militärdienst ausgehoben wurden und deren Dienstpflicht mit dem altüberkommenen Recht des Landesherrn auf Landfolge der Untertanen begründet wurde. Das Staatsgebiet war in Kantone eingeteilt, die den Regimentern zur Aushebung der „Kantonisten" zugewiesen wurden (Reglements v. 24. 2. 1693, 15. 9. 1733 und 12. 2. 1792). Diese wurden nach ihrer militärischen Ausbildung jährlich für zehn Monate beurlaubt, um in der Landwirtschaft, in Manufakturen oder durch Heimarbeit selbst für ihren Unterhalt zu sorgen. Von der Aushebung wurden verschiedene Bevölkerungsgruppen – insbesondere aus Gründen der Staatsraison – verschont.

Dieses System wurde bei einer Heeresreform, die mit den Namen Scharnhorst und Gneisenau verbunden ist, durch ein System der allgemeinen Wehrpflicht ersetzt. Zugleich wurde die ständische Verkrustung der überkommenen Heeresverfassung aufgebrochen. So sollte nach der Verordnung vom 9. 2. 1813 „jeder im Militärdienst Angestellte ohne Unterschied des Standes und Vermögens nach seinen Fähigkeiten und nach seinem Betragen, sobald er einen Monat gedient und sich die Gelegenheit dazu ereignet, zum Offizier oder Unteroffizier befördert werden und vorzugsweise Anspruch auf Versorgung im Civildienst erhalten" – wobei die Praxis nicht ganz dem Überschwang dieser Formulierung folgte. Das Gesetz vom 3. 9. 1814, das an die Stelle der älteren Gesetze trat, sah unverändert „in einer gesetzmäßig geordneten Bewaffnung der Nation ... die sicherste Bürgschaft für einen dauerhaften Frieden".

Literaturnachweise in: Hartung, § 49; *Huber,* I §§ 8ff.; *Eisenhardt,* § 54; *HRG* Artikel: Bauernbefreiung, Heer; *VerwGesch,* II S.120ff., 399ff.

§ 20. Reformen des Ämterwesens und des Beamtentums in Bayern

I. Die Reformen

1. Der Ruf nach Reformen

Im 18. Jahrhundert, der Hochblüte des absolutistischen Wohlfahrtsstaates, waren die landesherrlichen Staatsverwaltungen immer verwickelter geworden, weil man für alle möglichen Gegenstände eigene Kollegien, Deputationen und Kommissionen errichtet hatte, ohne den Zusammenhang mit anderen verwandten Gegenständen zu bedenken. So häuften sich Unklarheiten und Streitigkeiten über die Zuständigkeit.

Auch das Beamtentum bedurfte dringend einer Neuordnung. Trotz gewisser Ansätze zu einem Fachbeamtentum war man immer noch weit entfernt von dem allgemeinen Prinzip, daß jede Beamtenstellung nur auf Grund einer hinreichenden Vorbildung und einer Prüfung erlangt werden könne. Dem standen oft herkömmliche Anwartschaften des Adels auf Ämter, vor allem auf Pflegämter, entgegen (s.o. § 15 III). Auch billigte man oft der Familie eines verstorbenen Beamten, statt ihr eine Pension zu gewähren, eine Anwartschaft auf das verwaiste Amt zu; sie konnte es dann entweder durch einen Dritten in ihrem Interesse versehen lassen oder es gegen eine Abfindungssumme an jemanden abtreten. Zudem hatte man die Beamten selber wirtschaftlich nicht ausreichend versorgt und in ihrer Stellung nicht genügend gesichert, wie es nötig gewesen wäre, um ihre Unabhängigkeit zu gewährleisten und Korruption auszuschließen. Nicht nur die Besoldung war ungenügend, sie wurde oft auch nicht rechtzeitig ausbezahlt. Galt zu Anfang des 16. Jahrhunderts in Bayern eine Regelung, nach welcher das Dienstverhältnis der Amtsinhaber nicht willkürlich gelöst werden durfte, so schrieb sich im 18. Jahrhundert der Kurfürst das Recht zu, seine Beamten nach Belieben zu entlassen. Diese unzureichende Sicherung der beamtenrechtlichen Stellung, die ungenügende Dotierung der Ämter und eine unzureichende Kontrolle verdarb die Beamtenschaft, die nicht selten eifrig bemüht war, sich in Ausnützung ihrer Amtsgewalt Vorteile zu verschaffen.

Aufs Ganze gesehen bot im 18. Jahrhundert die landesherrliche Beamtenschaft ein wenig schmeichelhaftes Bild. Freiherr von Lerchenfeld sprach von einem „ebenso beschränkten als engherzigen Beamtenheere, welches sich selbst in seinen tüchtigsten Mitgliedern nicht über das Bestreben maßloser Bevormundung des Volkes ohne alle Rücksicht auf dessen Ansicht und Wünsche zu erheben vermochte, in seiner Mehrzahl aber ohne Bewußtsein des Staatszweckes wie ohne Kenntnis der Mittel zu dessen Erreichung nur nach den Bedürfnissen und Launen des Augenblickes sein schleppendes Tagwerk in der Art und Weise betrieb, welche dem Vortheil des eigenen Beutels am besten zusagte“ (zit. nach v. Seydel, S. 74f.).

Im Jahre 1799 wurde Maximilian IV. Josef Kurfürst von Bayern. Es war das Jahr, in dem Napoleon die Direktorialregierung stürzte und als Erster Konsul faktisch die Alleinherrschaft erhielt. In dieser bewegten Zeit, in der Dynastien ausgelöscht und geschaffen wurden und in der die Brüchigkeit der überkommenen Staats- und Verwaltungsformen deutlich vor Augen trat, begannen in Bayern, wie anderwärts, Reformen.

2. Reformen der Staatsorganisation

Im Bereich der Ämter galt es, durch organisatorische Gesetze und Maßnahmen den Einrichtungen der Gesetzgebung und Verwaltung einen sachgemäßen Zusammenhang zu geben und jedem Teil der Staatsgewalt die ihm gemäße Funktion zuzuweisen. Dieser Gedanke trug die Montgelas'schen Reformen und fand später in der Vorrede zur Verfassung von 1808 Ausdruck.

Schon eine kurfürstliche Resolution vom 25. 2. 1799 organisierte die bayerischen Ministerien neu nach dem Realsystem, d. h. nach Geschäftsbereichen. Es wurden vier Departements gebildet; von 1806 ab gab es die Departements der Auswärtigen Angelegenheiten, des Inneren, der Finanzen und der Justiz, von denen die drei zuletzt genannten Geschäftsbereiche heute noch als sogenannte „klassische" Ministerien bestehen. Zum Innenministerium gehörten damals auch Unterricht und Kultus und die Gewerbe- und Handelssachen, die später anderen Ministerien zugewiesen wurden. 1817 wurde als oberste vollziehende Stelle das Gesamtstaatsministerium geschaffen (VO v. 2. 2. 1817), das ein Vorläufer des späteren Ministerrats geworden ist.

In der mittleren Instanz standen am Abschluß einiger tastender organisatorischer Versuche zwei Verordnungen aus dem Jahre 1817 (vom 20. 2. und vom 27. 3.). Sie teilten Bayern in Kreise – die späteren Regierungsbezirke – ein, an deren Spitze je eine Kreisregierung mit einem Regierungspräsidenten stand. Die Kreise nannte man zunächst, dem französischen Vorbild entsprechend, nach Flüssen: So wurden damals der Isarkreis (Oberbayern), der Unterdonaukreis (Niederbayern), der Regenkreis (Oberpfalz), der Oberdonaukreis (Schwaben), der Rezatkreis (Mittelfranken), der Obermainkreis (Oberfranken), der Untermainkreis (Unterfranken) und der Rheinkreis (Pfalz) gebildet.

In der unteren Instanz ließ man die Landgerichte bestehen, die nach wie vor Gerichte und Verwaltungsbehörden zugleich waren. Seit 1829/30 waren aber Bestrebungen im Gange, auf der Unterstufe Justiz und Verwaltung zu trennen. Dem widersetzte sich Ludwig I., weil nach seiner Meinung eine Trennung die Kraft der Regierung schwächen mußte. Das Revolutionsjahr 1848 brachte dann aber ein Programmgesetz (vom 4. 6. 1848), nach dessen Art. 1 die Rechtspflege von der Verwaltung, selbst in den untersten Behörden, getrennt werden sollte. Aber erst das Gesetz über die Gerichtsverfassung vom 10. 11. 1861 sah die Trennung von Rechtsprechung und Verwaltung in der unteren Instanz vor; im folgenden Jahr wurden die Distriktverwaltungsbehörden geschaffen und Rechtsprechnung und Verwaltung in der Unterstufe geschieden (Verordnung vom 24. 2. 1862).

3. Reformen des Beamtenrechts

Ähnlich tiefgreifend waren die Reformen des Beamtentums. Sie behoben die hauptsächlichen Mängel der bisherigen Einrichtung und schufen damit zugleich wesentliche Grundlagen des modernen Berufsbeamtentums. Hauptziele waren die Vereinheitlichung des Dienstrechts, die Abschaffung der Ämterprivilegien des Adels und die Einführung eines durchgängigen Prüfungs- und Laufbahnsystems, in welchem der Zugang zum Staatsdienst und der Aufstieg sich nach der fachlichen Qualifikation richten sollten. Es entstanden Ausbildungs- und Prüfungsordnungen für den Justizdienst und den sonstigen Staatsdienst. Besoldung und Hinterbliebenenversorgung wurden geregelt. Auch die Idee des Beamtentums auf Lebenszeit – die dem Beamten ein beträchtliches Maß an innerer Unabhängigkeit gab – setzte sich durch; der Kurfürst erklärte in einer Entschließung vom 28. 12. 1801, daß er „die Entlassung eines Staatsdieners nach bloßer Willkür für ungerecht und für das gemeine Beste höchst nachtheilig erkenne".

Eine Zusammenfassung wesentlicher beamtenrechtlicher Reformen enthält die „Haupt-Landes-Pragmatik über die Dienstverhältnisse der Staatsdiener vorzüglich in Beziehung auf ihren Stand und Gehalt" vom 1. 1. 1805. Die Hauptgedanken dieses ersten neuzeitlichen deutschen Beamtengesetzes stellte Nicolaus Thaddäus Gönner (Der Staatsdienst, 1808) dar. Es hatte sich die Vorstellung durchgesetzt, daß das Beamtenverhältnis öffentlich-rechtlicher Natur oder – wie in der Einleitung der Haupt-Landes-Pragmatik stand – ein „öffentliches Verhältnis" sei. Auch sollte das Beamtenverhältnis grundsätzlich auf Lebenszeit begründet werden; abgesehen von einer Kassation durch Richterspruch sollte „der einmal verliehene Dienerstand und Standesgehalt die unverletzliche Natur der Perpetuität" haben (Art. X). Dem Prinzip eines gegenseitigen lebenslänglichen Dienst- und Treueverhältnisses entsprechend wurde den Beamten eine geregelte Besoldung gewährt (Art. Iff.). Auch die Sorge für sein Alter und für seine Hinterbliebenen wurde dem Beamten abgenommen. Wer 40 Jahre im Dienst war oder das 70. Lebensjahr vollendet hatte, konnte seine Versetzung in den Ruhestand verlangen (Art. XVII). Witwen und Waisen sollten durch eine Pension gesichert sein (Art. XXIV). Da der Staat jetzt die umfassende Fürsorge für die Staatsdiener und ihre Hinterbliebenen übernommen hatte, konnte er nun billigerweise auch die volle Hingabe des Beamten an sein Amt erwarten und auf Erwerb gerichtete Nebenbeschäftigungen beschränken (Art. XVI). Diese durch die Erfahrungen der vergangenen Jahrhunderte erkauften Grundsätze sind zu selbstverständlichen Bestandteilen des Beamtenrechts geworden.

Die über Bayern hinaus vorbildliche Regelung wurde durch spätere Vorschriften verwässert (Verordnungen vom 8. 6. 1807, 14. 8. 1810 und 28. 11. 1812). Das Staatsdieneredikt von 1818 (Beilage IX zur Verfassung vom 26. 5. 1818) kehrte dann aber zu den im Jahre 1805 geschaffenen Grundsätzen zurück. Es enthielt auch ein durchnormiertes Dienststrafrecht (§§ 9ff.). Dieses Staatsdieneredikt war bis zum Jahre 1908, also fast ein Jahrhundert lang in Kraft. Eine seit der Dienstpragmatik von 1805 umstrittene Unterscheidung behielt auch das Staatsdieneredikt bei: zwischen den vollberechtigten „pragmatischen" Beamten und den minderberechtigten „nicht pragmatischen" Beamten, deren Dienstverhältnis widerruflich war und denen auch ein Versorgungsanspruch nicht uneingeschränkt, sondern nur „im Falle ihres Wohlverhaltens zugestanden wurde. Erst das bayerische Beamtengesetz vom 16. 8. 1908 beseitigte das Rechtsinstitut der „nichtpragmatischen“ Beamten minderen Rechts.

Literaturnachweise in: H. Hattenhauer, M. v. Seydel (wie zu § 15); B. *Wunder*, Privilegierung und Disziplinierung, 1978; *VerwGesch*, II S. 301ff., 503ff.

II. Ausblick auf spätere Entwicklungen

Bald nach der Gründung des Zweiten Kaiserreiches wurde für die Reichsbeamten das Reichsbeamtengesetz vom 31. 3. 1873 erlassen. Es unterschied zwischen dem Beamtenverhältnis und dem Amt: Das Beamtenverhältnis ist das zwischen dem Dienstherrn und dem Beamten bestehende öffentlich-rechtliche Rechtsverhältnis (§ 19) – also der Inbegriff der Rechte und Pflichten des Beamten, die seinen Beamtenstatus ausmachen. Das „Amt“ hingegen bedeutet den Bereich öffentlicher Aufgaben und Kompetenzen, die dem Beamten übertragen werden. Die Bestandsgarantie galt nur für das Beamtenverhältnis, nicht auch für das Amt: Daß jemand Beamter auf Lebenszeit war, hinderte z. B. nicht daran, ihn von dem einen Amt in ein anderes (§ 23 Abs. 1) zu versetzen.

Die Weimarer Verfassung garantierte den Beamten die wohlerworbenen Rechte (Art. 129 WV) und regelte die Staatshaftung für Amtspflichtverletzungen nach dem Vorbild des Reichsgesetzes von 22. 5. 1910 und einiger Landesgesetze (Art. 131 WV). Das ehemals bestehende Band zwischen dem Beamten und der Person des Landesherrn war nun endgültig ersetzt durch ein Dienst- und Treueverhältnis zum Staat als solchem, dessen Personalabteilungen nurmehr dessen objektive Treuhänder waren. Dieser Verobjektierung entsprach nun auch das Recht des Beamten auf Einsicht in seine Personalakten; es ist nach seiner vorübergehenden Beseitigung (1937) auch in die Beamtengesetze der Nachkriegszeit aufgenommen worden.

Durch das Deutsche Beamtengesetz vom 26. 1. 1937 wurde ein Beamtenrecht geschaffen, das für die Beamten des Reichs, der Länder (die nurmehr als Verwaltungseinheiten des Reiches fortbestanden), der Gemeinden, der Gemeindeverbände und der sonstigen juristischen Personen des öffentlichen Rechts galt. Es unterschied zwischen unmittelbaren und mittelbaren Reichsbeamten; unter diesen verstand man die Beamten der Länder, der Gemeinden und der sonstigen juristischen Personen des öffentlichen Rechts (§§ 2, 151ff. DBG). Nach dem Krieg wurde diese Unterscheidung im Bundesbeamtengesetz vom 14. 7. 1953 wieder verwendet (§ 2 BBG), im bayerischen Beamtenrecht aber aufgegeben.

Die Erfahrung der nationalsozialistischen Epoche hat gelehrt, daß auch ein zu Sachlichkeit und rechtsstaatlichem Denken erzogenes, nach dem Leistungsprinzip ausgewähltes Berufsbeamtentum so wenig wie andere institutionelle Vorkehrungen dem Druck und den Versuchungen eines Unrechtsregimes standzuhalten vermochte. Im regulären Kräftespiel einer pluralistischen Demokratie aber stellt ein Berufsbeamtentum einen kaum verzichtbaren neutralen Faktor dar: eine Institution, „die, gegründet auf Sachwissen, fachliche Leistung und loyale Pflichterfüllung, eine stabile Verwaltung sichern und damit einen ausgleichenden Faktor gegenüber den das Staatsleben gestaltenden politischen Kräften darstellen soll" (BVerfGE 7, 162). Auch unter den gewandelten politischen Verhältnissen sollen also die Beamten nicht in eine neue Vasallität – nun zu Parteien oder Verbänden – geraten, sondern, wie Hegel sagte, einen „allgemeinen Stand" bilden, der „die allgemeinen Interessen des gesellschaftlichen Zustandes zu seinem Geschäfte" hat, „in seiner Arbeit für das Allgemeine seine Befriedigung findet" und dafür vom Staat schadlos gehalten wird (Rechtsphilosophie, 1821, §§ 205, 303).

§ 21. Der Deutsche Bund

In Artikel 6 des Ersten Pariser Friedens vom 30. 5. 1814 war vereinbart, daß die deutschen Staaten unabhängig und durch ein föderatives Band geeint sein sollten. Über die Ausgestaltung der deutschen Staatenverbindung wurde dann auf dem Wiener Kongreß verhandelt. In den Befreiungskriegen waren das Nationalgefühl und der Wunsch nach politischer Einheit gewachsen. Dem standen die eifersüchtig gehüteten Souveränitätsansprüche der deutschen Fürsten gegenüber. In der Suche nach einem Kompromiß wurden teils bundesstaatliche, teils staatenbündische Lösungen ins Auge gefaßt.

Die schließlich von den deutschen Regierungen angenommene Bundesakte vom 8. 6. 1815 (BA) schuf einen Staatenbund (s.u.). Sie wurde zu einem Bestandteil der Wiener Kongreßakte vom 9. 6. 1815 erklärt. Damit war die Sache Deutschlands auch äußerlich als eine europäische, völkerrechtliche Angelegenheit gekennzeichnet (s.o. § 18 III 2). Die Deutsche Bundesakte wurde durch die Wiener Schlußakte vom 15. 5. 1820 (SA) ergänzt, die am 8. 7. 1820 durch Bundesbeschluß als Grundgesetz des Deutschen Bundes angenommen wurde.

Dieser wurde als „völkerrechtlicher Verein der deutschen souveränen Fürsten und freien Städte“ (Art. 1 SA), also als völkerrechtliche Staatenverbindung definiert. Als Aufgaben hatte sich der Bund vor allem gestellt: die Erhaltung der äußeren und inneren Sicherheit Deutschlands und die Unabhängigkeit und Unverletzbarkeit der deutschen Staaten (Art. 2 BA, Art. 1 SA).

Mitglieder des Bundes waren 38 deutsche Staaten (Art. 1 und 6 BA); der Bestand änderte sich später geringfügig. Österreich und Preußen waren nur mit den vormals zum Deutschen Reich gehörenden Territorien Mitglieder, Österreich also nicht mit Ungarn, Galizien, Kroatien, Slowenien, Venetien und der Lombardei, Preußen nicht mit Ost- und Westpreußen und Posen.

Verfassungsorgan des Bundes war die Bundesversammlung (der Bundestag) in Frankfurt am Main: eine Versammlung von Gesandten der Bundesstaaten unter dem Vorsitz des österreichischen Gesandten. Die Bevollmächtigten hatten die völkerrechtliche Rechtsstellung von Gesandten und waren an die Instruktionen ihrer Regierungen gebunden. Beschlüsse wurden regelmäßig in einem engeren Rat, in besonders wichtigen Fällen im Plenum gefaßt.

Die Bundesbeschlüsse hatten bindende Kraft nur für die Staaten, nicht für deren Angehörige unmittelbar. Innerstaatliche Verbindlichkeit erlangten sie erst dadurch, daß sie durch Landesgesetz in innerstaatliches Recht transformiert wurden. Auch in dieser Hinsicht war also die völkerrechtliche Konstruktion des Deutschen Bundes gewahrt.

Für die Bundesmitglieder bestand eine Beistandspflicht gegen auswärtige Angriffe und eine gegenseitige Friedenspflicht. Für Streitigkeiten der Bundesmitglieder untereinander war ein Schiedsverfahren („Austrägalverfahren") vorgesehen. Die Mitglieder des Bundes durften Bündnisse mit fremden Staaten schließen, wenn sich diese nicht gegen die Sicherheit des Bundes oder einzelner Bundesmitglieder richteten (Art. 11 BA).

Trotz der völkerrechtlichen Grundkonstruktion hatte der Deutsche Bund aber auch staatsrechtliche Komponenten:

In das Verfassungsrecht der vereinten Staaten mischte sich Art. 13 BA ein, der vorschrieb, daß in diesen eine „Landständische Verfassung statt finden" werde.

Ferner hatten alle deutschen Bürger in allen deutschen Staaten ein gemeinsames Indigenat (Heimatrecht): Die Verschiedenheit der christlichen Bekenntnisse durfte keinen Unterschied in den bürgerlichen und politischen Rechten begründen (Art. 16 BA). Jeder durfte in einem anderen Staat des Bundes Grundstücke erwerben, unter den gleichen Bedingungen, die für die Angehörigen dieses Staates galten. Jeder durfte in einen anderen Staat des Bundes ziehen. Er durfte auch grundsätzlich in dessen Zivil- und Militärdienst treten (Art. 18 BA).

Erfüllten Mitglieder ihre Bundespflichten nicht, war der Bundestag zur Bundesexekution berechtigt (Art. 31–34 SA).

Die Wehrverfassung des Deutschen Bundes wurde durch das Bundesgesetz vom 9. 4. 1821 und „Nähere Bestimmungen" hierzu geregelt (Beschlüsse vom 12. 4. 1821, 11. 7. 1822 und 4. 1. 1855): Im Kriegsfall war ein Oberfeldherr vom Bund zu wählen, der von der Bundesversammlung in Eid und Pflicht zu nehmen war. Die Stärke und die Zusammenziehung des aufzustellenden Kriegsheeres waren durch Bundesbeschlüsse zu bestimmen. Die von den Bundesstaaten zu stellenden Kontingente wurden nach einer Bundesmatrikel bemessen; der Bund beschloß, ob von jedem Staat das ganze Kontingent oder nur ein Teil davon zu stellen war. Jeder Bundesstaat hatte sein Kontingent immer in einem solchen Stand zu halten, daß es nach seiner Anforderung durch den Bund in kürzester Zeit schlagfertig ausrücken konnte.

Der Deutsche Bund, der in vielem an die Strukturen des alten

Reichs erinnerte, war wenig populär. Er ließ sich in den Dienst der Karlsbader Beschlüsse nehmen (s.u. § 23 I) und stellte sich dadurch in den Augen vieler in die Reihe der Restauration, auch dadurch, daß er sich in der Hannoverschen Angelegenheit im Jahre 1839 für unzuständig erklärte (s.u. § 22 II 2). Die Erwartungen auf wirtschaftlichem Gebiet – Belebung von Handel und Verkehr – erfüllte er unzulänglich. Auch eine kraftvolle Vertretung der auswärtigen Interessen gelang ihm nicht.

Anlaß für die Auflösung des Deutschen Bundes bot der preußisch-österreichische Konflikt, der sich an der schleswig-holsteinischen Frage entzündete. Auf österreichisch-bayerischen Antrag beschloß der Bundestag die Bundesexekution gegen Preußen und die Mobilmachung eines Teiles der Bundesarmee. Preußen erklärte die Anrufung des Bundestags durch Österreich als Bruch des Gasteiner Vertrages und trat aus dem Bund aus. Nach dem für Preußen siegreichen Ausgang des Krieges von 1866 erkannte Österreich in Art. 4 des Prager Friedens die Auflösung des Deutschen Bundes an und gab seine Zustimmung zu einer Gestaltung Deutschlands ohne den österreichischen Kaiserstaat. Damit war der österreichisch-preußische Streit um die Hegemonie zugunsten Preußens und zugleich zugunsten der kleindeutschen Lösung entschieden.

Literaturnachweise in: Hartung, § 39; *Huber,* I §§ 31, 33–37, 44, III §§ 8, 27–29, 39; *Laufs,* VII 1; *Willoweit,* § 30; *HRG* Artikel: Deutscher Bund.

§ 22. Die Herausbildung des Verfassungsstaates

I. Grundzüge des Konstitutionalismus

Auf Verfassungsebene erschien nach dem Zeitalter der Französischen Revolution eine Rückkehr zum Absolutismus alter Prägung nicht mehr möglich. Die Lebensluft der Aufklärung, die Leitideen der Französischen Revolution, die sozialen Reformen und nicht zuletzt die Einbeziehung der Bevölkerung in die Befreiungskriege hatten die politische Landschaft verändert. Andererseits war aber nach den bestehenden Kräfteverhältnissen das monarchische Prinzip nicht überwunden. Den Kompromiß zwischen diesem Prinzip und den nicht mehr rückgängig zu machenden Ansprüchen auf Bürgerfreiheit suchte man im Verfassungsmodell der konstitutionellen Monarchie; in ihr wurde die rechtliche Selbstbindung des Monarchen durch eine Verfassungsurkunde verbrieft.

Als Vorbild diente die französische Verfassung vom 4. 6. 1814. In Deutschland fand sich das Programm des Konstitutionalismus in Art. 13 der Bundesakte von 1815: „In allen Bundesstaaten wird eine Landständische Verfassung statt finden."

Einige solcher Verfassungen wurden als „oktroyierte Verfassungen" aus der Machtvollkommenheit des Monarchen erlassen. Dieses Verständnis der konstitutionellen Monarchie brachte etwa die Verfassungsurkunde für das Königreich Bayern zum Ausdruck, in der es hieß: „Der König ist das Oberhaupt des Staats, vereiniget in sich alle Rechte der Staats-Gewalt und übt sie unter den von Ihm gegebenen in der gegenwärtigen Verfassungs-Urkunde festgesetzten Bestimmungen aus" (Tit. II § 1 Abs. 1).

Andere Verfassungen kamen – in Annäherung an die Wahlkapitulationen der Kaiser (s.o. § 7 Nr. 11), aber auch an das naturrechtliche Modell des Herrschaftsvertrages – als „paktierte Verfassungen" zustande: durch einen Vertrag zwischen dem Fürsten und den Repräsentanten der Stände, so etwa die Verfassung für das Königreich Württemberg vom 25. 9. 1819.

Im Widerspruch zu dem aufrechterhaltenen Souveränitätsanspruch der Monarchen stand, daß diese sich faktisch und auch rechtlich (Art. 56 der Wiener Schlußakte) nicht mehr nach ihrem Belieben aus den verfassungsrechtlichen Bindungen lösen konnten. In Wahrheit hatte man sich auf einen Weg begeben, der zunehmend zu Rechtsstaatlichkeit und repräsentativer Demokratie führte.

Die wichtigsten verfassungsmäßigen Schranken der monarchischen Gewalt waren: die Gewährleistung einer unabhängigen Rechtspflege und die Mitwirkung der Ständeversammlungen oder Landtage an der Auferlegung von Steuern und an solchen Gesetzen, welche die Freiheit der Person oder das Privateigentum betrafen – gleichsam eine Verallgemeinerung und

„Verbürgerlichung" des überkommenen Grundsatzes, daß in Rechte der Stände nur mit deren Zustimmung eingegriffen werden dürfe. In der Regel wurden das Eigentum, die persönliche Freiheit und die Gewissens- und Religionsfreiheit verbürgt (so z.B. Tit. IV §§ 8 und 9 BayVerf., §§ 13 und 18 BadVerf., §§ 24 und 27 WürttVerf.).

Im übrigen blieb der Monarch jedoch befugt, ohne Beteiligung der Ständeversammlung durch „allerhöchste Verordnungen" Recht zu setzen. Auch die Begnadigung blieb ein Vorrecht des Staatsoberhauptes.

Machtpolitisch entscheidende Kompetenzen waren dem konstitutionellen Monarchen dadurch gesichert, daß ihm die Regierungsbildung und die militärische Kommandogewalt vorbehalten waren. Da der Monarch im übrigen in seinen Herrschaftsrechten nur insoweit eingeschränkt sein sollte, wie die Verfassung das vorsah, galt folgerichtig eine „praesumptio pro rege", wenn hinsichtlich einer Kompetenz Zweifel entstanden.

Vorzeichen eines Parlamentarismus lagen darin, daß für die Regierungsmaßnahmen des Monarchen eine Gegenzeichnung des Ministers vorgesehen war und dieser durch die Gegenzeichnung dem Landtag in einem gewissen Umfang verantwortlich wurde, während der Monarch selbst einer solchen Verantwortung noch entrückt blieb (was den Minister in die Rolle des „Prügelknaben" bringen konnte).

Literaturnachweise in: Huber, III § 1; *Eisenhardt, § 58; HRG* Artikel: Konstitution, Oktroi.

II. Länderverfassungen

Aufs Ganze gesehen verwirklichte sich der Konstitutionalismus des 19. Jahrhunderts in drei Wellen:

1. Im unmittelbaren Anschluß an die napoleonische Zeit finden wir eine Verfassungsbewegung, die sich vorwiegend auf Süddeutschland erstreckte. In zeitlicher Reihenfolge sind im wesentlichen zu nennen: die Verfassungen von Nassau (1. 9. 1814), Sachsen-Weimar (5. 5. 1816), Hildburghausen (19. 3. 1818), Bayern (26. 5. 1818), Baden (22. 8. 1818), Württemberg (25. 9.

1819) und vom Großherzogtum Hessen (17. 12. 1820). Die vier süddeutschen Verfassungen sahen ein Zweikammersystem vor.

2. Den Anstoß zum Zustandekommen weiterer Verfassungen gaben die Julirevolution 1830 in Paris und die dadurch ausgelösten Unruhen in Staaten Mitteldeutschlands. Verfassungen erhielten jetzt auch Kurhessen (5. 1. 1831, mit Einkammersystem und bemerkenswerter Ausgestaltung der Rechtsstaatlichkeit), Sachsen (4. 9. 1831), Braunschweig (12. 10. 1832) und Hannover (26. 9. 1833).

Die Hannoversche Verfassung wurde am 1. 11. 1837 durch König Ernst August aufgehoben. Die Beamten wurden von ihrem Eid auf die Verfassung entbunden. Die sieben Göttinger Professoren Dahlmann, Jacob und Wilhelm Grimm, Gervinus, Wilhelm Weber, Albrecht und Ewald erklärten sich weiter durch ihren Verfassungseid gebunden (Protestschreiben vom 18. 11. 1837) und wurden entlassen (Reskripte vom 11. 12. 1837). Dahlmann, Jacob Grimm und Gervinus wurden außerdem des Landes verwiesen. Die Stadt Osnabrück (Beschwerde vom 9. 3. 1838) und die Regierungen Badens und Bayerns (Anträge vom 26. 4. 1838) brachten den Verfassungsbruch – da Art. 56 der Wiener Schlußakte verletzt sei – vor den Bundestag. Dieser erklärte sich für unzuständig (Beschlüsse vom 6. 9. 1838 und vom 5. 9. 1839), gab aber der Erwartung Ausdruck, daß Hannover eine neue Verfassung erhalte. Diese erging am 6. 8. 1840; ihre Rechtsgewährleistungen blieben nicht wesentlich hinter denen anderer konstitutioneller Monarchien zurück.

3. Erst im Gefolge der französichen Februarrevolution von 1848, die im März auch in Deutschland zu Unruhen führte, wurden in Preußen und Österreich Verfassungen erlassen:

In Preußen fanden am 1. 5. 1848 gemeinsam mit den Wahlen zur Frankfurter Nationalversammlung auch Wahlen zu einer preußischen Nationalversammlung statt. Diese wurde am 22. 5. 1848 eröffnet. Nach monatelangen Regierungskrisen und Unruhen, welche die Verfassungsdebatten begleiteten, wurde die Nationalversammlung nach Brandenburg verlegt. Am 5. 12. 1848 wurde sie aufgelöst und die „oktroyierte" Verfassung erlassen. Am 26. 2. 1849 traten die in ihr vorgesehenen beiden Kammern zusammen, die schließlich die Verfassung anerkannten (Beschlüsse vom 17. und 19. 3. 1849). Nach einem erneuten Verfassungsstreit über das Notverordnungsrecht des Königs und über die Anerkennung der Frankfurter Reichsverfassung wurde die Erste Kammer vertagt, die Zweite aufgelöst (diese wurde von da an auf Grund der Notverordnung vom 30. 5. 1849 nach einem Dreiklassenwahlrecht bestellt). Am 7. 8. 1849 traten die vertagte Erste und die neu gewählte Zweite Kammer wieder zusammen, um an einer für sie annehmbaren Revision der oktroyierten Verfassung zu arbeiten. Nach Verständigung mit dem König fertigte dieser am 31. 1. 1850 die revidierte Verfassung aus.

In Österreich erging am 4. 3. 1849 eine oktroyierte Verfassung, die aber schon am 31. 12. 1851 wieder aufgehoben wurde. Nach zwei weiteren konstitutionellen Experimenten vom 20. 10. 1860 und 26. 2. 1861 wurde 1866 eine verfassungsrechtliche Neuordnung Österreichs unausweichlich: als Folge des verlorenen Krieges gegen Preußen und des Ausscheidens aus dem deutschen Staatenverband. Die staatliche Eigenständigkeit Ungarns wurde wiederhergestellt, die Verbindung zwischen Österreich und Ungarn als institutionalisierte Personalunion (gemeinschaftliche Thronfolgeordnung) und Realunion (gemeinsame Institutionen für näher bestimmte Staatsaufgaben) festgelegt. Für Ungarn wurde dessen Verfassung von 1848 wieder in Kraft gesetzt, für Österreich ein neues Staatsgrundgesetz am 21. 12. 1867 erlassen.

Literaturnachweise in: Hartung, §§ 44–46, 48, 52; *Mitteis/Lieberich,* Kap. 45 II 1; *Huber,* I §§ 19–22, II §§ 5–9, 41f., 53–55, III §§ 2f., 25, 43.

III. Die Gesetzmäßigkeit der Verwaltung

Mit dem Vordringen naturrechtlicher Vorstellungen, insbesondere der Forderungen nach Rechtsstaatlichkeit und freier wirtschaftlicher Entfaltung, wandelte sich gegen Ende des 18. Jahrhunderts die Idee der Staatsaufgaben. Die Polizei (s.o. § 14 II) wurde zunehmend auf die Gefahrenabwehr beschränkt. Dieser Wandel des Polizeibegriffs wurde schon im preußischen Allgemeinen Landrecht von 1794 angebahnt, das in § 10 Teil II Titel 17 bestimmte: „Die nöthigen Anstalten zur Erhaltung der öffentlichen Ruhe, Sicherheit und Ordnung und zur Abwendung der dem Publico, oder einzelnen Mitgliedern desselben, bevorstehenden Gefahr zu treffen, ist das Amt der Polizey." Erst mit dem Kreuzberg-Urteil des preußischen Oberverwaltungsgerichts vom 14. 6. 1882 (Deutsches Verwaltungsblatt, 1985 S. 219) setzte sich aber die enge Auslegung durch, daß diese Generalermächtigung auf die Gefahrenabwehr beschränkt sei. Eingriffe zu anderen Zwecken bedurften nun einer besonderen gesetzlichen Ermächtigung, einer „Spezialdelegation".

Die Forderung, daß staatliches Handeln sich nach allgemeinen Gesetzen vollziehen solle, stellte sich dar als ein Gebot der Vernunft, der Gleichbehandlung und der Rechtssicherheit: Nach der Moralphilosophie Kants war es ein Vernunftgebot, nach allgemeinen Gesetzen zu handeln; denn die Allgemeinheit einer Verhaltensrichtlinie sei das Vernunftkriterium ihrer Richtigkeit. Recht sei seinem Begriffe nach „die Einschränkung der Freiheit eines jeden auf die Bedingung ihrer Zusammenstimmung mit der Freiheit von jedermann, insofern diese nach einem allgemeinen Gesetze möglich ist" (Über den Gemeinspruch usw., 1793, II). Auch der Grundsatz der Gleichbehandlung verlangt, daß sich das staatliche Handeln nach allgemeinen Normen vollziehe; denn die Begrenzung der individuellen Freiheit nach allgemeinen Gesetzen ist wegen dieser Allgemeinheit eine für alle gleiche Begrenzung. Schließlich dient es auch der Rechtssicherheit, nämlich der Voraussehbarkeit staatlicher Maßnahmen, wenn diese auf Grund allgemeiner Gesetze getroffen werden.

Das Prinzip der Rechtssicherheit schloß aber noch andere Forderungen ein. Es wandte sich auch an den Gesetzgeber selbst. Dieser sollte insbesondere keine rückwirkenden Strafgesetze erlassen dürfen (nulla poena sine lege praevia).

Der Gedanke, daß die Staatsgewalt rechtliche Grenzen haben müsse, setzte sich Anfang des 19. Jahrhunderts in der konstitutionellen Bewegung durch (s. o. I). Er verlangte aber auch jenseits verfassungsrechtlicher Verbürgungen Geltung als allgemeiner Grundsatz, der die gesamte Staatstätigkeit band. Das bedeutete zum einen, daß kein Verwaltungshandeln gegen Gesetze verstoßen dürfe (Vorrang des Gesetzes). Zum anderen galt nun der Verfassungsgrundsatz, daß Eingriffe in die „Freiheit der Person“ und in privates „Eigentum“ nur auf Grund förmlicher Gesetze zulässig seien (s. o. I). Zunehmend setzte sich die weite Auslegung durch, daß die „Freiheit der Person“ das Recht umfasse, „zu thun, was nicht durch Gesetz verboten ist“ (v. Aretin), so daß jeder Verwaltungseingriff, der die Bürger belaste, einer gesetzlichen Ermächtigung bedürfe (Vorbehalt des Gesetzes). Auch die fortschreitende Verwissenschaftlichung des Verwaltungsrechts führte auf den Begriff und das Programm eines Rechtsstaates, auf das Ziel, „daß mehr und mehr auch auf dem Gebiete der Verwaltung feste rechtliche Bestimmungen gegeben werden, welche der Willkür den Boden entziehen“ (Gerber).

Nicht zuletzt sollte eine gerichtliche Überprüfung des Verwaltungshandelns auf seine Gesetzmäßigkeit hin den Rechtsstaat mit verwirklichen. Dafür gab es zwei Modelle: Das erste sah eine Überprüfung des Verwaltungshandelns durch die ordentlichen Gerichte vor. In diesem Sinne bestimmte § 182 der Paulskirchenverfassung: „Die Verwaltungsrechtspflege hört auf. Über alle Rechtsverletzungen entscheiden die Gerichte.“ Diesem Modell folgten etwa Bremen (§ 15 der Verfassung vom 21. 2. 1854) und Hamburg (§ 24 des Gesetzes vom 23. 4. 1879). Ein zweites Modell sah in der unteren und mittleren Verwaltungsinstanz eine Selbstkontrolle der Verwaltung vor: teils in der normalen Besetzung der Behörde, teils – in einem gerichtsähnlichen Verfahren – durch einen Ausschuß der Behörde, die den angefochtenen Verwaltungsakt erlassen oder einen Antrag abgewiesen hatte. Auf diese Weise sollte die Verwaltung zu Objektivität und Selbstdisziplin erzogen werden. In höchster Instanz entschied ein oberes Verwaltungsgericht. Diesem Modell folgten etwa die preußischen Gesetze vom 3. 7. 1875 und vom 30. 7. und 1. 8. 1883 und das bayerische Gesetz vom 8. 8. 1878.

Literaturnachweise in: D. Jesch, Gesetz und Verwaltung, 1961, S. 123ff., 131f.; *VerwGesch,* II S. 88ff., III S. 90ff., 909ff.

Ansätze des Gedankens unveräußerlicher Menschenrechte sind in der älteren deutschen Staatstheorie sehr viel schwieriger aufzuspüren als in der angelsächsischen Tradition. In den Bauernkriegen wurde der Gedanke lebendig, daß die Menschen von Natur aus gleich seien („Als Adam grub und Eva spann, wo war denn da der Edelmann?"). Pufendorf wollte, wenn auch noch halbherzig, die religiöse Freiheit dem staatlichen Verfügungsanspruch entziehen (De habitu religionis christianae ad vitam civilem, 1687, VI f., XLIV f.). Bei Christian Wolff erschienen die Menschen im Besitze angeborener Rechte auf Gleichheit, Freiheit und Sicherheit (Institutiones juris naturae et gentium, 1752, §§ 69ff., 77, 89); diese stünden allerdings unter dem Vorbehalt, daß die politische Gemeinschaft bestimmen dürfe, auf welche Weise und mit welchen Mitteln das gemeine Beste zu erstreben sei (§ 978). Zu praktischer Wirksamkeit gelangten solche Menschenrechtsideen, wenn überhaupt, so nur in gebrochener Weise: die Religionsfreiheit nicht als Menschenrecht, sondern als staatlich gewährte Toleranz; das Eigentumsrecht letztlich in der staatlich gewährten Aufopferungsentschädigung für eine staatliche Inanspruchnahme des Eigentums.

Der Konstitutionalismus des frühen 19. Jahrhunderts brachte Verbürgungen des Eigentums, der persönlichen Freiheit und der Gewissens- und Religionsfreiheit (s.o. I).

Die Frankfurter Nationalversammlung verkündete am 27. 12. 1848 einen umfänglichen Katalog von Grundrechten, der dann in den Verfassungsentwurf vom 28. 3. 1849 als Abschnitt VI aufgenommen wurde (s.u. § 23 II). Im wesentlichen handelte es sich um den Versuch, einen Bestand elementarer Menschen- und Bürgerrechte, wie er in Nordamerika und vorübergehend auch in Frankreich ausformuliert worden war, zu rezipieren. Die wichtigsten von ihnen waren: Jeder Deutsche hat das Recht, an jedem Orte des Reichsgebietes seinen Aufenthalt und Wohnsitz zu nehmen, Liegenschaften jeder Art zu erwerben und darüber zu verfügen, jeden Nahrungszweig zu betreiben und das Gemeindebürgerrecht zu gewinnen (§ 133 Abs. 1).

Vor dem Gesetz gilt kein Unterschied der Stände. Der Adel als Stand ist aufgehoben. Alle Standesvorrechte sind abgeschafft. Die Deutschen sind vor dem Gesetz gleich. Die öffentlichen Ämter sind für alle Befähigten gleich zugänglich. Die Wehrpflicht ist für alle gleich; Stellvertretung bei derselben findet nicht statt (§ 137). Die Freiheit der Person ist unverletzlich. Die Verhaftung einer Person soll, außer im Falle der Ergreifung auf frischer Tat, nur geschehen in Kraft eines richterlichen, mit Gründen versehenen Befehls. Die Polizeibehörde muß jeden, den sie in Verwahrung genommen hat, im Laufe des folgenden Tages wieder freilassen oder der richterlichen Behörde übergeben (§ 138 Abs. 1–3). Die Wohnung ist unverletzlich (§ 140 Abs. 1). Eine Haussuchung ist grundsätzlich nur kraft eines richterlichen und mit Gründen versehenen Befehls zulässig (§ 140 Abs. 2). Der gleiche Vorbehalt gilt für die Beschlagnahme von Briefen und Papieren (§ 141). Das Briefgeheimnis ist gewährleistet (§ 142 Abs. 1). Jeder Deutsche hat das Recht, durch Wort, Schrift, Druck und bildliche Darstellung seine Meinung frei zu äußern (§ 143 Abs. 1). Jeder Deutsche hat volle Glaubens- und Gewissensfreiheit. Niemand ist verpflichtet, seine religiöse Überzeugung zu offenbaren (§ 144). Auch die freie Ausübung der Religion wird gewährleistet (§ 145). Die Wissenschaft und ihre Lehre ist frei (§ 152). Die Deutschen haben das Recht, sich friedlich und ohne Waffen zu versammeln; einer besonderen Erlaubnis hierzu bedarf es nicht. Volksversammlungen unter freiem Himmel können bei dringender Gefahr für die öffentliche Ordnung und Sicherheit verboten werden (§ 161). Die Deutschen haben das Recht, Vereine zu bilden. Dieses Recht soll durch keine vorbeugende Maßregel beschränkt werden (§ 162). Das Eigentum ist unverletzlich. Eine Enteignung kann nur aus Rücksichten des gemeinen Besten, nur auf Grund eines Gesetzes und gegen gerechte Entschädigung vorgenommen werden. Das geistige Eigentum soll durch die Reichsgesetzgebung geschützt werden (§ 164). Niemand darf seinem gesetzlichen Richter entzogen werden. Ausnahmegerichte sollen nie stattfinden (§ 175 Abs. 2).

Die Frankfurter Verfassung selbst ist nicht in Kraft getreten.

Auf Grund eines Bundesbeschlusses vom 23. 8. 1851 waren ihre Grundrechte, soweit sie in einzelnen Staaten für verbindlich erklärt worden waren, außer Geltung zu setzen. Die Gedanken und Formulierungen ihres Grundrechtsabschnitts haben aber in Grundrechtsartikeln späterer deutscher Verfassungen und in anderen Gesetzen fortgewirkt.

Die Reichsverfassung von 1871 enthielt keinen Grundrechtskatalog. Wesentliche Grundrechte gelangten aber auch im Zweiten Kaiserreich durchaus zur Herrschaft: sei es durch Landesverfassungen, sei es durch einfache Gesetze, so in den Verhaftungs-, Durchsuchungs- und Beschlagnahmevorschriften der Strafprozeßordnung oder in den Bestimmungen des ehemaligen Reichsvereinsgesetzes von 1908. In den Verfassungsberatungen im Norddeutschen Reichstag von 1867 und im Deutschen Reichstag von 1871 hat man den Verzicht auf einen Grundrechtskatalog sogar damit begründet, daß diese Grundrechte bereits Gemeingut geworden oder in den einzelstaatlichen Verfassungen oder in besonderen Gesetzen festgelegt seien.

Literaturnachweise in: Huber, II § 57; *G. Birtsch* (Hg.), Grund- und Freiheitsrechte von der ständischen zur spätbürgerlichen Gesellschaft, 1987; *K. Stern,* Das Staatsrecht der Bundesrepublik Deutschland, III § 59 V.

§ 23. Wege zur staatlichen Einheit

I. Nationale und demokratische Bewegungen im Vormärz

Seit den Befreiungskriegen war der Gedanke einer nationalen deutschen Einheit und bürgerlichen Freiheit lebendig geblieben. Er war das Thema des Wartburgfestes der deutschen Burschenschaften (1817). Die Reaktion fand ihren Ausdruck in Beschlüssen, die auf Karlsbader Ministerkonferenzen gefaßt wurden. Sie hatten vier Gesetzentwürfe (ein Preßgesetz, ein Universitätsgesetz, ein Untersuchungsgesetz und eine Vorläufige Executionsordnung) zum Gegenstand, die vom Bundestag am 20. 9.1819 beschlossen wurden und eine weitgehende Überwachung insbesondere von Presse und Universitäten zum Gegenstand hatten (s. dazu auch den Bundesbeschluß vom 16. 8. 1824). Innerstaatliche Wirkung erlangten auch diese Bundesbeschlüsse erst durch ihre Übernahme seitens der Mitgliedstaaten (s. o. § 21).

Radikalere Forderungen nach Demokratie und nationaler Einheit vernahm man auf politischen „Volksfesten", wie dem bei der Hambacher Schloßruine im Mai 1830, und bei Unruhen im Gefolge der französischen Julirevolution des Jahres 1830. Der Bund reagierte mit Beschlüssen neuer Maßregeln (vom 31. 10. 1830, 28. 6. 1832, 5. 7. 1832 und 30. 6. 1833), unter anderem mit einem Verbot politischer Vereine, Volksversammlungen und öffentlicher Kundgebungen.

Literaturnachweise in: Huber, I §§ 40ff., II §§ 11ff.; *Laufs,* VIII 1; *HRG* Artikel: Vormärz.

II. Der Einigungsversuch von 1848

Im Jahre 1848 ergriff die von Paris ausgehende Februarrevolution große Teile Europas. In den Monaten Februar und März kam es zu Unruhen in den meisten deutschen Staaten, im März brach in Berlin die Revolution aus, im gleichen Monat führten Unruhen in München zur Abdankung Ludwigs I.

Zugleich wurde die gesamtdeutsche Bewegung wieder lebendig. Zunächst nahmen einige extrakonstitutionelle Vereinigungen das Heft in die Hand: eine in Heidelberg zusammentretende Versammlung von Liberalen, ein von dieser eingesetzter Ausschuß von sieben Mitgliedern und ein von diesem eingeladenes Gremium von Politikern (das „Vorparlament"), das Grundsätze für die Wahl einer deutschen Nationalversammlung aufstellte. Die Bundesversammlung ging auf diese Bestrebungen ein und forderte am 30. März 1848 die Regierungen der Länder zu Wahlen für eine Nationalversammlung auf; diese wurden nach Maßgabe des – von den Ländern akzeptierten – Bundesbeschlusses vom 7. 4. 1848 nach allgemeinem Wahlrecht durchgeführt. Am 18. 5. 1848 trat die konstituierende Deutsche Nationalversammlung zusammen.

Am 28. 6. 1848 erließ die Nationalversammlung das Gesetz über die provisorische Zentralgewalt. Zum Reichsverweser wurde Erzherzog Johann von Österreich gewählt; die Bundesversammlung übertrug ihm namens der deutschen Regierungen ihre Vollmachten (Beschluß vom 12. 7. 1848). Erzherzog Johann berief ein Reichsministerium. Es stellte sich jedoch bald heraus, daß diese provisorische Zentralregierung weder den Einzelstaaten noch dem Ausland gegenüber wirkliche Durchsetzungsmacht besaß.

Am 28. 3. 1849 wurde die Reichsverfassung verkündet. Das Reich war als konstitutionelle Monarchie konstruiert. Das Reichsoberhaupt mit dem Titel „Kaiser der Deutschen" sollte aus der Reihe der regierenden Fürsten gewählt werden. Das Kaiseramt sollte im Mannesstamm nach Primogenitur vererblich sein. Der Reichstag sollte aus einem Staatenhaus (Vertreter der Einzelstaaten) und einem Volkshaus (Abgeordnete des ganzen Volkes) bestehen. Die Abgeordneten zum Volkshaus sollten in allgemeiner, gleicher, unmittelbarer und geheimer Wahl berufen werden; für sie sollte das Prinzip auftragsfreier Repräsentation gelten, und sie sollten Immunität genießen. Außerdem war ein Reichsgericht mit vorwiegend öffentlich-rechtlichen Kompetenzen vorgesehen. Bei der Verteilung der Reichskompetenzen sollte ein weitgehender Unitarismus auf dem Gebiete der Wirtschaft, des Handels und des Verkehrs, hingegen das föderative Prinzip auf den Gebieten des Staats- und Verwaltungsrechts herrschen. Der schon im voraus verkündete Grundrechtskatalog (s. o. § 22 IV) wurde Bestandteil der Verfassung.

Am 28. 3. 1849 wählte die Nationalversammlung König Friedrich Wilhelm IV. von Preußen zum deutschen Kaiser. Er machte die Annahme der Wahl zunächst vom „freien Einverständnis der gekrönten Häupter, der Fürsten und Freien Städte" abhängig. Am 28. 4. 1849 lehnte er dann aber die Reichsverfassung und mit ihr die Kaiserkrone ab: mit Blick auf die weitgehenden Befugnisse der Reichsgewalt, in die inneren Verhältnisse der Länder einzugreifen, ferner auf das nur suspensive Veto des Kaisers, auf manche Grundrechtsgarantien und auf das „alle Schranken niederwerfende" Wahlgesetz. Durch Aufstände wurde versucht, mit Gewalt doch noch die Reichsverfassung durchzusetzen. Die österreichischen und die preußischen Mitglieder wurden aus der Nationalversammlung abberufen. Eine große

Zahl anderer Abgeordneter trat aus eigenem Entschluß aus. Das Rumpfparlament tagte noch einige Zeit in Stuttgart weiter und wurde schließlich gewaltsam aufgelöst. Auf Betreiben Österreichs wurde der Deutsche Bund wiederhergestellt.

Literaturnachweise in: Hartung, § 41; *Huber,* I §§ 40ff., II §§ 43ff., 63ff.; *Laufs,* VIII 2; *Willoweit,* § 31; *HRG* Artikel: Nationalversammlung, deutsche 1848/49.

III. Die Zollvereine

Die nationale Einigung wurde auf wirtschaftlichem Gebiet durch Zollvereine vorbereitet, mochte auch – anders als in der europäischen Einigungsbewegung unserer Zeit – ein politischer Zusammenschluß anfangs nicht intendiert sein. Die Zölle, ursprünglich ein Regal des Königs, später meist an die Landesherren verliehen (s.o. §§ 8 II, 14 I), hatten sich als starkes Verkehrshemmnis erwiesen. 1818 wurden die Binnenzölle im preußischen Staatsgebiet beseitigt (Gesetz vom 26. 5. 1818). Friedrich List propagierte den Gedanken, Deutschland zu einem einheitlichen Zollgebiet zusammenzuschließen und Zölle nur an dessen Außengrenzen zu erheben, fand damit freilich nicht die Gegenliebe seiner württembergischen Landesregierung.

1828 wurde der süddeutsche Zollverein gebildet, dem zunächst Bayern und Württemberg, später auch Hohenzollern-Sigmaringen und Hohenzollern-Hechingen angehörten (Vertrag vom 18. 1. 1828), kurz darauf wurde ein Zollverein zwischen Preußen und Hessen-Darmstadt gegründet (Vertrag vom 14. 2. 1828) und noch im gleichen Jahr der mitteldeutsche Handelsverein (Vertrag vom 24. 9. 1828), dem Sachsen, die thüringischen Herzog- und Fürstentümer, Nassau, Braunschweig, Hannover, Bremen und Kurhessen beitraten. Kurhessen wechselte 1831 zum preußisch-hessischen Vertrag über.

Mit Wirkung vom 1. Januar 1834 schlossen sich der preußisch-hessische und der süddeutsche Zollverein zum Deutschen Zollverein zusammen (Vertrag vom 22. 3. 1833). Ihm traten auch Sachsen und die thüringischen Staaten bei (Verträge vom 30. 3. 1833 und 11.5. 1833). Später folgten Baden (Vertrag vom 12. 5.

1835), Hannover (Vertrag vom 7. 9. 1851) und kleinere Territorien. Österreich versuchte, in den Zollverein aufgenommen zu werden – auch um der wirtschaftspolitischen Hegemonie Preußens zu begegnen – und legte 1863 den Plan einer gesamtdeutschen Zolleinigung vor. Bayern machte sich diesen zu eigen. Darüber und über den preußisch-französichen Handelsvertrag von 1862 kam es zu Meinungsverschiedenheiten, in deren Verlauf Preußen den Zollvereinsvertrag kündigte.

1864 erneuerten die bisherigen Mitglieder – nach einigen Zwischenvereinbarungen – den Zollverein (Vertrag 12. 10. 1864 i.d.F. v. 16. 5. 1865). Österreich blieb ausgeschlossen und die Hegemonie Preußens gesichert.

Organ des Zollvereins war bis dahin die Generalkonferenz: eine Versammlung weisungsgebundener Regierungsvertreter. Ihre Beschlüsse mußten einstimmig ergehen. Zu ihrer Kompetenz gehörte der Erlaß von Zollgesetzen, die zu ihrem Inkrafttreten keiner Ratifikation durch die Einzelstaaten bedurften (man hatte sich hier also bereits der Konzeption des heutigen Art. 24 Abs. 1 GG angenähert). Die Zollverwaltung war Ländersache, aber vereinheitlicht. Die an den Außengrenzen des Zollvereinsgebietes eingenommenen Zölle wurden nach einem vereinbarten Verteilungsschlüssel auf die Mitgliedstaaten verteilt.

Nach Gründung des Norddeutschen Bundes wurde der Zollverein neu gestaltet (Vertrag vom 8. 7. 1867). Als gemeinsame Organe wurden ein Zollbundesrat, ein Zollparlament und ein Zollpräsidium geschaffen. Das Erfordernis einstimmiger Beschlußfassung wurde durch das Prinzip der Mehrheitsbeschlüsse abgelöst. Nach der Erweiterung des Norddeutschen Bundes zum Deutschen Reich gingen die Funktionen des Zollvereins auf dieses über (Art. 4 Nr. 2, 33 Abs. 1, 40 RV).

Literaturnachweise in: Huber, I §§ 46–48, II §§ 24–26, III §§ 10, 44, 45; *VerwGesch,* II S. 286 ff.

IV. Der Norddeutsche Bund

Unmittelbar nach siegreicher Beendigung des preußisch-österreichischen Krieges schloß Preußen am 18. 8. 1866 Bündnisverträge mit den übrigen norddeutschen Staaten. Nach dem

Muster des Wahlgesetzes vom 12. 4. 1849 (vorgesehen für die Wahlen zum Volkshaus des Reichstags) erließen die Vertragsstaaten Gesetze, auf Grund deren ein Reichstag gewählt wurde, der einen Verfassungsentwurf für den Bund beriet und am 16. 4. 1867 beschloß. Er wurde durch verfassungsändernde Gesetze von den norddeutschen Einzelstaaten angenommen. Am 1. 7. 1867 trat die Verfassung des Norddeutschen Bundes in Kraft. Sie bildete die Grundlage für die spätere Reichsverfassung.

Seiner Rechtsnatur nach war der Norddeutsche Bund ein Bundesstaat. Sein oberstes Organ war der Norddeutsche Bundesrat, in dem die verbündeten Regierungen vertreten waren. Außerdem bestand eine Volksvertretung in Gestalt des Norddeutschen Reichstags. Das Präsidium des Bundes lag bei der Krone Preußens.

Literaturnachweise in: Huber, III §§ 46ff.

§ 24. Das Zweite Kaiserreich

I. Entstehung und Verfassung des Deutschen Reichs

1. Die Reichsgründung

Im Verlauf des deutsch-französischen Krieges wurden noch im November des Jahres 1870 die sogenannten Novemberverträge zwischen dem Norddeutschen Bund und den süddeutschen Staaten geschlossen; darin erklärten sich diese zum Zusammenschluß mit dem Norddeutschen Bund bereit. Im Dezember 1870 und im Januar 1871 wurden diese Verträge auf Grund von Beschlüssen des norddeutschen Bundesrats und Reichstags und der süddeutschen Kammern ratifiziert. Am 18. 1. 1871 wurde im Spiegelsaal des Schlosses von Versailles König Wilhelm I. von Preußen zum Deutschen Kaiser ausgerufen. Am 23. 1. 1871 berief der Kaiser den Bundesrat in seiner veränderten Zusammensetzung und ordnete für den 3. März Wahlen für den neu zu bildenden Reichstag an. Die Verfassung des Deutschen Reiches entsprach jener des Norddeutschen Bundes mit den Änderungen, die durch die Verträge vereinbart waren. Der revidierte Verfassungstext wurde nach Zustimmung des Bundesrats und des Reichstags am 16. 4. 1871 vom Kaiser ausgefertigt.

2. Das Reich und die Länder

Das Deutsche Reich war ein Bundesstaat, also eine staatsrechtliche Verbindung der Einzelstaaten. Ähnlich wie schon nach der Paulskirchenverfassung sollte einerseits deren staatsrechtliche Eigenart und die Eigenständigkeit der staatlichen Verwaltungen erhalten werden, andererseits wurde Rechtsvereinheitlichung auf den Gebieten der Wirtschaft, vor allem des Handels und des Verkehrs, des Münz-, Maß- und Gewichtswesens, aber auch des Bürgerlichen Rechts, des Strafrechts und des Gerichtsverfahrens erstrebt. Schon damals galt der Grundsatz: Reichsrecht geht vor Landesrecht. Auf allen Gebieten, auf denen das Reich nicht zuständig war, bestand die Kompetenz der Länder fort. Doch war das Reich befugt, auf dem Wege der Verfassungsänderung seine Zuständigkeit zu erweitern (Art. 78 RV), besaß also die Kompetenz-Kompetenz.

Die Reichsstaatsangehörigkeit wurde ipso jure mit der Landesstaatsangehörigkeit erworben. Für alle Einwohner des Reichsgebietes bestand ein gemeinsames Indigenat, d.h. jeder Angehörige eines Einzelstaates galt in jedem anderen Einzelstaat als Inländer (Art. 3 RV); das staatsbürgerliche Wahlrecht zum Landtag eines Landes hatten allerdings nur dessen Staatsangehörige.

Es bestand ein einheitliches Landheer – allerdings mit bayerischen und württembergischen Sonderrechten – und eine einheitliche Reichsmarine.

An Reichsfinanzen standen dem Reich die Zölle und die indirekten Steuern, ferner die Überschüsse aus Post- und Telegraphenwesen zur Verfügung. Der fehlende Finanzbedarf war durch Matrikularbeiträge der Länder zu decken (Art. 70 RV); insofern war das Reich „Kostgänger der Länder".

3. Die Organe des Reichs

Organe des Reichs waren das Bundespräsidium, der Bundesrat, der Reichstag und der Reichskanzler:

a) Das Präsidium des Bundes stand dem König von Preußen zu, der den Titel „Deutscher Kaiser“ führte. Er hatte das Reich völkerrechtlich zu vertreten (Art 11 RV), den Reichskanzler zu ernennen (Art. 15 RV), Reichsgesetze auszufertigen und zu verkünden (Art. 17 RV), Bundesexekutionen, die vom Bundesrat beschlossen waren, zu vollstrecken (Art. 19 RV); auch stand ihm der Oberbefehl über die Kriegsmarine (Art. 53 RV) und über das Landheer (Art. 63 RV) zu. Seine Anordnungen und Verfügungen bedurften der Gegenzeichnung des Reichskanzlers (Art. 17 RV), der damit für sie die politische Verantwortung mit übernahm.

b) Der Bundesrat war das Organ der verbündeten Regierungen, die in ihm durch ihre Bevollmächtigten vertreten waren. Die wichtigste Funktion des Bundesrats war seine Mitwirkung an der Reichsgesetzgebung. Diese erforderte übereinstimmende Mehrheitsbeschlüsse von Bundesrat und Reichstag (Art. 5 RV). Auch konnte der Bundesrat Gesetzesvorlagen beschließen (Art. 7 Abs. 1 Nr. 1 RV).

c) Der Reichstag hatte also gleichberechtigt mit dem Bundesrat an Gesetzesbeschlüssen mitzuwirken. Und auch er hatte das Recht der Gesetzesinitiative (Art. 23 RV). Die gleichberechtigte Mitwirkung des Reichstags an Gesetzesbeschlüssen erstreckte sich auf das Haushaltsgesetz des Reichs (Art. 69 RV). Auch an der Haushaltskontrolle war der Reichstag beteiligt (Art. 72 RV). Auf diese Weise hatte er die Reichsverwaltung mit am „goldenen Zügel“. Als weiteres Kontrollinstrument kam das Interpellationsrecht hinzu; es berechtigte die Mitglieder des Reichstags, Anfragen an den Reichskanzler zu stellen (§§ 31 a–33 b der Geschäftsordnung des Reichstags).

Gewählt wurde der Reichstag in allgemeiner, direkter und geheimer Wahl nach näheren Bestimmungen des Wahlgesetzes vom 31. 5. 1869, das für den Reichstag des Norddeutschen Bundes galt und 1871 als Reichsgesetz übernommen wurde (Art. 20 RV): Das Reich wurde in Ein-Mann-Wahlkreise eingeteilt, und zwar so, daß auf je etwa 100 000 Einwohner ein Abgeordneter zu wählen war, und dies mit absoluter Stimmenmehrheit der im Wahlkreis abgegebenen Stimmen. Für die

Reichstagsabgeordneten galt das Prinzip auftragsfreier Repräsentation (Art. 29 RV). Und sie genossen Immunität (Art. 31 RV).

Indem der Reichstag, der das Volk repräsentierte, seine Kompetenzen entschieden wahrnahm, näherte sich die Verfassungswirklichkeit des Reichs fortschreitend dem Modell einer parlamentarischen Monarchie, in der die politischen Parteien und die in ihnen organisierten gesellschaftlichen Kräfte zunehmend das politische Geschehen mitbestimmten. Deutlich zeigte sich das etwa in der Kritik des Reichstags an dem Interview, das Wilhelm II. im Jahre 1908 dem Daily Telegraph gewährt hatte. In die Nähe eines parlamentarischen Mißtrauensvotums gelangte man 1913, als im elsässischen Zabern Militär gegen Zivilisten eingesetzt worden war und die Sozialdemokraten daraufhin den Reichstag – freilich erfolglos – aufforderten, alle Gesetz- und Haushaltsentwürfe der Regierung abzulehnen, bis der Reichskanzler von Bethmann-Hollweg zurückgetreten sei. Förmlich vollendet wurde die Parlamentarisierung freilich erst 1918 (II 4).

d) Der Reichskanzler führte den Vorsitz im Bundesrat und leitete die Reichsgeschäfte (Art. 15 RV). Eine reichseigene Verwaltung sah die Verfassung für Marine, Post- und Telegraphenwesen vor (Art. 48ff. RV). Für diese und andere, unter der Autorität des Reichskanzlers zu besorgende Geschäfte wurden Reichsämter geschaffen, so das Auswärtige Amt (1870), die Admiralität (1872), das Reichseisenbahnamt (1873), das Amt des Generalpostmeisters (1876), das Reichsjustizamt (1877), das Reichsamt des Innern (1879) und das Reichsschatzamt (1879). Die Staatssekretäre – als Leiter der obersten Reichsämter – unterstanden der Weisung des Reichskanzlers. Nach dem Stellvertretergesetz vom 17. 3. 1878 konnten ihnen aber Reichsgeschäfte, auch die Gegenzeichnung von Akten des Kaisers, in Vertretung des Kanzlers übertragen werden.

Literaturnachweise in: Hartung, § 54; *Huber,* III §§ 52ff.; *Willoweit,* §§ 35, 36; *Kröger I,* §§ 13, 16.

II. Innenpolitische Entwicklungen

1. Rechtsvereinheitlichung

Von weittragender innenpolitischer Bedeutung war die Rechtsvereinheitlichung auf wichtigen Gebieten. Sie diente der Erleichterung des Wirtschaftslebens, der Rechtssicherheit und der Entstehung eines einheitlichen Rechts- und Staatsbewußtseins.

Zur Zeit des Deutschen Bundes konnte einheitliches Recht – wenn man vom Zollrecht absieht (s.o. § 23 III) – nur durch inhaltlich übereinstimmende Gesetze der Bundesstaaten geschaffen werden: so die Wechselordnung von 1848 (mit einem vorgängigen Versuch der Frankfurter Nationalversammlung, sich als Gesetzgebungsorgan zu betätigen) und das Allgemeine Deutsche Handelsgesetzbuch von 1861.

Seit 1871 standen die Gesetzgebungskompetenzen des Reichs als Instrumente der Rechtsvereinheitlichung bereit. Zunächst wurden das Strafgesetzbuch, die Gewerbeordnung und das Urheberrechtsgesetz des Norddeutschen Bundes zu Reichsgesetzen erhoben (letztgenanntes ersetzt durch das Literaturhebergesetz von 1901). Bedeutende Gegenstände der Reichsgesetzgebung wurden sodann die Gerichtsverfassung, der Straf- und der Zivilprozeß und das Konkursrecht (geregelt durch die vier „Reichsjustizgesetze" von 1877/1879), ferner das Pressewesen (Gesetz von 1874), das Kunsturheberrecht (Gesetze von 1876 und 1907), das Geschmacksmusterrecht (Gesetz von 1877), der Schutz von Erfindungen (Patentgesetze von 1877 und 1891, Gebrauchsmustergesetz von 1891), das Verlagsrecht (Gesetz von 1901), die Bekämpfung des unlauteren Wettbewerbs (Gesetze von 1896 und 1909), vor allem aber das Bürgerliche Recht (Bürgerliches Gesetzbuch vom 18. 8. 1896, in Kraft getreten am 1. 1. 1900). Zur Sicherung einer einheitlichen Auslegung und Anwendung der Gesetze wurde zunächst das Reichsoberhandelsgericht und an seiner Stelle 1879 das Reichsgericht in Leipzig errichtet.

Der Erleichterung des Rechts- und Wirtschaftsverkehrs diente auch die Einführung einheitlicher Maß- und Gewichtseinheiten und der einheitlichen Markwährung, welche im Jahre

1873 die älteren Taler- und Guldenwährungen ablöste. 1875 wurde die Reichsbank als Zentralnotenbank gegründet. Der Erleichterung der Kommunikation diente nicht zuletzt auch der Ausbau der Reichspost.

2. Kirchenpolitische Auseinandersetzungen

Die ersten Jahre des Reichs waren geprägt von Auseinandersetzungen Bismarcks mit gesellschaftlichen Kräften: einerseits der katholischen Kirche, andererseits der Sozialdemokratie. Das Unfehlbarkeitsdogma, das auf dem ersten Vatikanischen Konzil verkündet wurde (1870), reizte nicht nur die liberalen Kräfte zum Widerspruch. Bismarck sah durch dieses Dogma auch die Gehorsamspflicht der Bürger und insbesondere der Staatsdiener gegenüber dem Staat gefährdet. Auseinandersetzungen zwischen der preußischen Kultusverwaltung und der katholischen Kirche über die Stellung von Theologieprofessoren und anderen im Staatsdienst stehenden Geistlichen boten die äußeren Anlässe, die in den – von Virchow so genannten – „Kulturkampf" führten. In dessen Verlauf ergingen der „Kanzelparagraph" des Strafgesetzbuches, der es untersagte, das geistliche Amt zur Gefährdung des öffentlichen Friedens zu mißbrauchen (1871), ferner das preußische Schulaufsichtsgesetz, das die Schulinspektion verstaatlichte (1872), und das Verbot des Jesuitenordens (1872); dann folgten die Einführung der obligatorischen Zivilehe, zunächst in Preußen (1874) und 1875 für das ganze Reich, und im gleichen Jahr das „Brotkorbgesetz", das alle Staatsleistungen an solche Geistlichen sperrte, die sich nicht verpflichteten, die staatlichen Gesetze zu befolgen. 1879 suchten und fanden Bismarck und Papst Leo XIII. einen Ausgleich. Erhalten blieben im wesentlichen die staatliche Schulaufsicht und die obligatorische Zivilehe, mit der zugleich eine späte Konsequenz aus dem Mischehenstreit der dreißiger Jahre gezogen wurde.

3. Sozialpolitische Konflikte

Im Jahre 1863 hatte Ferdinand Lassalle den Allgemeinen Deutschen Arbeiterverein gegründet. 1869 hatten August Bebel und

Wilhelm Liebknecht in Eisenach die marxistische Sozialdemokratische Arbeiterpartei ins Leben gerufen und das Eisenacher Programm verkündet. Beide Vereinigungen wurden 1875 auf dem Kongreß in Gotha zu der Sozialistischen Arbeiterpartei Deutschlands zusammengefaßt; das gleichzeitig beschlossene Gothaer Programm forderte Arbeiterschutzgesetze und eine sozialistische Umgestaltung des Staates und der Gesellschaft. Im Jahre 1890 nahm die Partei den Namen Sozialdemokratische Partei Deutschlands, SPD, an. 1891 beschloß sie das Erfurter Programm.

Nach zwei auf Kaiser Wilhelm I. verübten Attentaten erging im Jahre 1878 das Sozialistengesetz, das bis 1890 galt. Es verbot sozialistische Vereinigungen, Versammlungen und Druckschriften und sah die Ausweisung sozialdemokratischer Führer und Agenten vor.

Zugleich mit der Bekämpfung der Sozialdemokratie suchte Bismarck die soziale Frage durch eine Sozialgesetzgebung zu entschärfen, die für die ganze Welt vorbildlich wurde. Im Jahre 1883 erging das Krankenversicherungsgesetz, 1884 das Unfallversicherungsgesetz, 1889 das Alters- und Invaliditätsversicherungsgesetz. 1891 schloß sich das Arbeiterschutzgesetz an. Die ersten drei Gesetze wurden 1911 in der Reichsversicherungsordnung zusammengefaßt und durch eine Hinterbliebenenversicherung ergänzt. Im gleichen Jahr erging auch das Gesetz über die Angestelltenversicherung. Novellen zur Gewerbeordnung (1878, 1891) verbesserten den Schutz der Arbeitnehmer, unter anderem durch Fabrikinspektionen (1878). 1903 folgte ein Kinderschutzgesetz und 1911 ein Hausarbeitsgesetz. 1890 wurden eigene Gewerbegerichte geschaffen.

4. Das Ende der Bismarckschen Reichsverfassung

Die Forderung, den bisherigen Obrigkeitsstaat durch eine parlamentarische Demokratie zu ersetzen, wurde gegen Ende des Ersten Weltkrieges, dessen Hauptlast das Volk zu tragen hatte, immer stärker. Am 3. Oktober 1918 wurde Prinz Max von Baden auf Grund der Zustimmung der Parteienmehrheit – also de facto auf der Grundlage parlamentarischen Vertrauens – zum Reichskanzler ernannt. Am 28. Oktober des gleichen Jahres wurde die Reichsverfassung durch zwei Gesetze geändert, die auch formell eine Parlamentarisierung der Reichsverfassung brachten: Der Kaiser behielt zwar formell das Recht, den Kanzler zu ernennen, mußte aber den Kanzler entlassen, wenn der Reichstag diesem das Mißtrauen aussprach; daher konnte er faktisch auch nur jemanden berufen, der das Vertrauen der Reichstagsmehrheit genoß. Damit hatte sich der Schwerpunkt der Regierungskontrolle vom Kaiser auf den Reichstag verlagert.

Diese viel zu spät getroffenen Maßnahmen konnten die Revolution nicht aufhalten. Bereits am 29. Oktober hatte in Wilhelmshaven die Meuterei auf der deutschen Hochseeflotte begonnen. Der Aufstand der Kieler Matrosen vom 3. November breitete sich in den folgenden Tagen rasch über das Reich aus. Am 7. November war die Revolution in München – der König floh; am folgenden Tag wurde der Freistaat Bayern ausgerufen und die Dynastie Wittelsbach für abgesetzt erklärt. Am 9. November folgte die Revolution in Berlin. Prinz Max von Baden gab bekannt, daß Wilhelm II. und der Kronprinz de facto dem Thron entsagt hatten, und übertrug die Wahrnehmung der Geschäfte des Reichskanzlers dem Vorsitzenden der SPD, Friedrich Ebert. Der sozialdemokratische Staatssekretär und Abgeordnete Philipp Scheidemann rief von einem Fenster des Reichstagsgebäudes herab die Republik aus. Am 10. November floh Wilhelm II. nach Holland. Am gleichen Tag bildete sich der Rat der Volksbeauftragten als neue Regierung in Berlin. Am 28. November unterzeichnete der Kaiser förmlich die Abdankungserklärung; am 1. Dezember erklärte der Kronprinz den Thronverzicht für Preußen und das Reich. Ähnliche Staatsumwälzungen vollzogen sich auch in den einzelnen Bundesländern. Die Beamtenschaft blieb im Amt und sorgte für einen Fortgang der Verwaltung.

Literaturnachweise in: Friedberg, § 20; *Hartung,* §§ 55, 56; *Feine,* § 50 II; *Huber,* IV §§ 42ff., 75, 77f., 81, V §§ 33, 38f., 42, 62ff.; *Willoweit,* § 36; *HRG* Artikel: Rechtseinheit, Rechtsvereinheitlichung.

Kapitel 4

Verfassungsentwicklungen seit dem Ersten Weltkrieg

§ 25. Die Weimarer Republik

I. Entstehung

Das achtunggebietende Engagement für Rechtsstaatlichkeit und Demokratie, das Männer vom Schlage Friedrich Eberts aufbrachten, und ihre staatsmännische Entschlußkraft bahnten den Weg aus den revolutionären Wirren, die den Zusammenbruch des Reichs begleiteten. Die freiheitliche Demokratie, der sie den Boden bereiteten, haben andere dann wieder verspielt.

Nach Ausbruch der Revolution formierten sich meuternde Soldaten zusammen mit Vertretern der Arbeiterschaft zu Arbeiter- und Soldatenräten nach russischem Vorbild. Als Zentralorgan der Arbeiter- und Soldatenräte schufen die Mehrheitssozialisten (Sozialdemokraten) und die linksradikalen Unabhängigen Sozialisten am 10. November einen Vollzugsausschuß. Parallel dazu bildete am gleichen Tag der sozialdemokratische Parteiführer Friedrich Ebert zusammen mit zwei Mitgliedern seiner Partei und drei Unabhängigen Sozialisten eine Regierung, die sich „Rat der Volksbeauftragten" nannte. Der lud auf den 25. November Vertreter der obersten Reichsorgane und der neuen Landesregierungen zu einer Reichskonferenz. Diese sprach sich für die Einberufung einer verfassunggebenden Nationalversammlung aus, für die der Rat der Volksbeauftragten sogleich Wahlen ansetzte (Verordnung vom 30. 11. 1918). Der Vollzugsausschuß der Arbeiter- und Soldatenräte berief auf den 16. Dezember einen Rätekongreß nach Berlin ein. Dieser stellte sich nach heftigen Kontroversen zwischen Sozialdemokraten und radikalen Sozialisten mehrheitlich gegen die radikalen Bestrebungen. Er beschloß am 18. Dezember, daß er die gesamte politische Macht repräsentiere, und übertrug deren Ausübung vorläufig dem Rat der Volksbeauftragten als der Regierung; die bereits angesetzten Wahlen zur verfassunggebenden deutschen Nationalversammlung verlegte er auf den 19. 1. 1919 vor. Das war eine Absage an das russische Vorbild einer Aufoktroyierung des Rätesystems. Die Unabhängigen Sozialisten wollten dieses noch durch gewaltsamen Aufruhr erzwingen; dieser wurde in Berlin von Regierungstruppen unter dem Oberbefehl Noskes niedergeworfen, der sozialdemokratisches Mitglied der Regierung geworden war. Weitere gewaltsame Umsturzversuche in verschiedenen Teilen des Reichs und der rheinische Separatismus mußten gleichfalls abgewehrt werden.

Bei der Wahl zur verfassunggebenden Nationalversammlung entfielen die weitaus meisten Stimmen auf Parteien, die für einen freiheitlichen, demokratischen Rechtsstaat eintraten: mehr als drei Viertel allein auf die SPD, das Zentrum und die Deutsche Demokratische Partei. Am 6. Februar 1919 trat die Nationalversammlung in Weimar zusammen. Schon am 10. Februar erließ sie ein Gesetz über die vorläufige Reichsgewalt; in diesem nahm sie für sich selbst die gesetzgebende Gewalt in Anspruch und übertrug die Aufgaben des Reichsoberhauptes einem Reichspräsidenten; dieser sollte eine Reichsregierung berufen, die des Vertrauens der Nationalversammlung bedurfte; auch wurde ein Staatenausschuß geschaffen, durch den die Länder Einfluß auf die Willensbildung des Reichs nehmen konnten. Bereits am nächsten Tag wählte die Nationalversammlung Friedrich Ebert zum vorläufigen Reichspräsidenten, der am 13. Februar eine erste Reichsregierung unter Scheidemann berief.

Den weiteren Verfassungsberatungen lag ein Entwurf des Staatsrechtlers Hugo Preuß zugrunde, dem Ebert schon zuvor das Reichsamt des Innern übertragen hatte. Am 11. August 1919 wurde die von der Nationalversammlung beschlossene Reichsverfassung vom Reichspräsidenten unterzeichnet, am 14. August trat sie in Kraft.

Der Geist dieser Verfassung war geprägt von den drei genannten Parteien. Innerhalb der von ihnen geteilten Grundkonzeption – eine parlamentarische, demokratische Republik zu schaffen – war die Verfassung in vielen Einzelfragen ein Kompromiß zwischen den liberalistischen, sozialistischen und katholischen Konzeptionen, die in der Nationalversammlung aufeinandertrafen.

Literaturnachweise in: Hartung, § 60; *Mitteis/Lieberich,* Kap. 48; *Huber,* V §§ 40, 45, 65 f., 72; *Laufs,* X 1; *Willoweit,* § 37.

II. Die Verfassungsordnung

1. Das Reich und die Länder

Nach herrschender Auffassung war das Reich ein Bundesstaat, kein dezentralisierter Einheitsstaat, wie ihn Preuß in seinem ursprünglichen Verfassungskonzept geplant hatte. Allerdings war die zentrale Reichsgewalt, verglichen mit jener im Zweiten Kaiserreich, sehr verstärkt, so daß man das Reich auch als unitarischen Bundesstaat bezeichnet hat (Giese). Die Stärkung des Zentralismus ergab sich schon aus der Entstehungsgeschichte: Während das Zweite Kaiserreich als ein Bund souveräner Einzelstaaten entstanden war, die auf die Wahrung ihrer Hoheitsrechte bedacht waren, war die Weimarer Verfassung das Werk einer vom gesamten Volk gewählten Versammlung. Erst recht galt also nun der Grundsatz: Reichsrecht bricht Landesrecht. Das Reich hatte, wie schon im Zweiten Kaiserreich, die Kompetenz-Kompetenz, d.h. die Befugnis, seine Zuständigkeit im Wege der Verfassungsänderung zu erweitern. Anders als im Kaiserreich gab es nun auch keine unentziehbaren Reservatrechte der Länder mehr.

Schon das Heilige Römische Reich kannte ein Exekutionsrecht gegen die Teilgewalten, um die Urteile seiner obersten Gerichte durchzusetzen (§ 9 II). Wie im Deutschen Bund (§ 21) und unter der Bismarckschen Reichsverfassung (Art. 19) gab es dann auch unter der Weimarer Verfassung (Art. 48 Abs. 1) ein Exekutionsrecht der Zentralgewalt zur Durchsetzung verfassungsrechtlicher Verpflichtungen der Länder. Dessen spektakulärster – aber nicht durch eine Verletzung verfassungsrechtlicher Pflichten gerechtfertigter – Anwendungsfall war die

Amtsenthebung der preußischen Minderheitsregierung und die Einsetzung einer kommissarischen Regierung am 20. Juli 1932 (der „Preußenschlag"; dazu RGZ 138, Anh. S. 33 ff.).

2. Die Verfassungsorgane des Reichs

Das Reich war eine demokratische parlamentarische Republik. Grundlage der Staatsgewalt war der Wille des Volkes (Art. 1 Abs. 2 WV). Die gesetzgebende Gewalt lag in erster Linie beim Reichstag. In die vollziehende Gewalt teilten sich Reichspräsident und Reichsregierung.

a) Der Wille des Volkes sollte sich außer in Wahlen (Art. 22 WV) in „Volksbegehren", „Volksabstimmungen" und „Volksentscheiden" (Art. 18, 43, 73–76 WV) kundtun. Anders als die Wahlen gewannen die plebiszitären Instrumente aber auf Reichsebene keine nennenswerte Steuerungsfunktion. Das Verfahren der Volksgesetzgebung wurde bis zum Jahre 1932 nur in sieben Fällen versucht, jedesmal ohne praktischen Enderfolg. Die auf eine Enteignung der ehemaligen Fürstenhäuser (Volksentscheid vom 20. 6. 1926) und gegen den Young-Plan (Volksentscheid vom 22. 12. 1929) gerichteten Verfahren wurden zu Spielwiesen politischer Agitation.

b) Der vom Volke gewählte Reichstag sollte wichtigstes Organ der Staatsgewalt sein. Er hatte unter Mitwirkung des Reichsrats die Gesetze zu beschließen (Art. 68 ff. WV) und den Haushaltsplan festzustellen (Art. 85 WV).

Für die Abgeordneten galt das Prinzip der auftragsfreien Repräsentation (Art. 21 WV). Sie wurden in allgemeiner, gleicher, unmittelbarer und geheimer Wahl nach den Grundsätzen der Verhältniswahl gewählt (Art. 22 WV), und zwar entschied man sich für ein Verhältniswahlsystem mit veränderlicher Abgeordnetenzahl: Jedem Kreiswahlvorschlag wurde für je 60000 Stimmen, die für ihn abgegeben wurden, ein Abgeordnetensitz zugewiesen; Reststimmen wurden innerhalb der Wahlkreisverbände oder zugunsten der Reichswahlvorschläge verwertet (Reichswahlgesetz i.d. F. v. 6. 3. 1924). Die rigorose Durchführung des Verhältniswahlrechts führte zu einer starken Parteienzersplitterung.

c) Der Reichsrat war – wie der Bundesrat im Kaiserreich – das Länderorgan, nun aber mit einer geminderten staatsrechtlichen Kompetenz. Ihm gehörten Mitglieder (oder Bevollmächtigte) der Landesregierungen und der preußischen Provinzialverwaltungen an (Art. 63 WV). Den Vorsitz führte ein Mitglied der Reichsregierung. Der Reichsrat konnte gegen die vom Reichstag beschlossenen Gesetze Einspruch einlegen; dieser konnte, wenn keine Einigung zustande kam – je nach dem Zwischenentscheid des Reichspräsidenten – durch Volksentscheid oder mit Zweidrittelmehrheit des Reichstags überwunden werden (Art. 74 WV).

d) Daneben bestand – auf Grund eines Gesetzes vom 4. 5. 1920 – ein Reichswirtschaftsrat als berufsständische Vertretung. Er wirkte bei der Gesetzgebung mit: Alle bedeutenderen Gesetzentwürfe mit sozialpolitischem und wirtschaftspolitischem Inhalt mußten ihm zur Begutachtung vorgelegt werden, bevor sie beim Reichstag eingebracht wurden (Art. 165 Abs. 4 WV).

e) Der Reichspräsident hatte das Reich nach außen zu vertreten. Auch innenpolitisch war er repräsentatives – nicht nur repräsentierendes – Oberhaupt des Reichs. Eine starke demokratische Legitimation erhielt sein Amt dadurch, daß er auf sieben Jahre unmittelbar vom Volk gewählt wurde (Art. 41, 43 WV; Wiederwahl war zulässig). Ihm oblag die Ernennung des Reichskanzlers, der Reichsminister, der Reichsbeamten und der Offiziere (Art. 46 und 53 WV). Er hatte die verfassungsmäßig zustande gekommenen Gesetze auszufertigen und zu verkünden (Art. 70 WV). Als überkommenes Recht des Staatsoberhauptes kam ihm auch das Begnadigungsrecht zu (Art. 49 WV).

Die Präsidialgewalt umfaßte auch das Recht zur Ernennung und Entlassung des Reichskanzlers und der Reichsminister und den Oberbefehl über Heer und Kriegsmarine.

Zu einer unvorhergesehenen Bedeutung gelangte das – für kritische Ausnahmesituationen geplante – Notmaßnahmerecht (Art. 48 Abs. 2 Satz 1 WV). Es ermächtigte den Reichspräsidenten, „die zur Wiederherstellung der öffentlichen Sicherheit und Ordnung nötigen Maßnahmen zu treffen, wenn im Deutschen Reich die öffentliche Sicherheit und Ordnung erheblich gestört oder gefährdet“ wurde. Die herkömmliche Bedeutung dieser Worte und die Entstehungsgeschichte der Bestimmung sprachen dafür, die „öffentliche Sicherheit und Ordnung“ in einem engen (wenn auch nicht unbedingt streng polizeilichen) Sinn zu verstehen. In kurzer Zeit gab aber die Verfassungspraxis dieser Vorschrift einen anderen Sinn. Sie überdehnte den Begriff der „Maßnahmen“ so weit, daß er auch gesetzesvertretende Verordnungen umfaßte. Sie deutete auch die Worte „Störungen der öffentlichen Sicherheit und Ordnung“ um und verstand darunter nun auch wirtschaftliche und soziale Nöte, finanzielle Schwierigkeiten, Störungen im Funktionieren des parlamentarischen Regierungssystems, ja sogar die Unmöglichkeit, die notwendige Mehrheit im Parlament zu bilden. Schon während der Inflationszeit wurde das Notverordnungsrecht in weitem Umfang auch zu wirtschaftsrechtlichen Vorschriften genutzt.

f) Die Reichsregierung war das Kollegium der Reichsminister unter dem Vorsitz des Reichskanzlers (Art. 52 WV). Ernannt wurde der Reichskanzler vom Reichspräsidenten. Die Reichsminister wurden auf Vorschlag des Reichskanzlers vom Reichspräsidenten ernannt und entlassen (Art. 53 WV).

Der Reichskanzler und die Reichsminister bedurften des Vertrauens des Reichstags. Jeder von ihnen mußte zurücktreten, wenn ihm der Reichstag durch ausdrücklichen Beschluß das Vertrauen entzog (Mißtrauensvotum, Art. 54 WV).

Der Reichskanzler hatte in der Weimarer Republik eine andere Position als im Kaiserreich. Auch jetzt hatte er eine herausgehoben Stellung, insofern er die Richtlinien der Politik zu bestimmen (Art. 56 WV) und die Befugnis hatte, dem Reichspräsidenten die Ernennung und Entlassung der Reichsminister vorzuschlagen (Art. 53 WV). Im übrigen war er primus inter pares im Kabinett. Nach dem Ressortprinzip hatte jeder Minister unter eigener parlamentarischer Verantwortung die Rechte und Pflichten seines Geschäftsbereichs selbständig wahrzunehmen.

Die Reichsregierung war das Organ der Reichsexekutive. Sie hatte also die Reichsverwaltung zu führen, die Reichsaufsicht über die Länder zu üben und konnte allgemeine Verwaltungsvorschriften zur Ausführung der Reichsgesetze erlassen (Art. 15, 77 WV).

Das Amt der Regierung ging aber weit über den bloßen Gesetzesvollzug hinaus. Sie hatte vor allem auch die jeweiligen konkreten Hauptziele der Staatstätigkeit laufend zu erarbeiten und aufeinander abzustimmen und die politischen und juristischen Mittel zur Erreichung dieser Ziele zu erwägen und bereitzustellen: etwa durch Anbahnung völkerrechtlicher Abkommen oder in Gestalt von Gesetzentwürfen. Ihr Recht, an der Reichsgesetzgebung mitzuwirken, war von großer Bedeutung; so hatte sie selbst das Recht der Gesetzesinitiative (Art. 68 WV); Gesetzentwürfe, die von anderer Seite kamen, mußten über sie dem Reichstag zugeleitet werden (Art. 69 Abs. 2, 73 Abs. 3 WV).

3. Grundrechte und Grundpflichten

Die Weimarer Reichsverfassung setzte – in ihrem zweiten Hauptteil – zum ersten Male für das gesamte deutsche Reich ausdrücklich einen Katalog von Grundrechten in Kraft. Dieser knüpfte an den Entwurf von 1848 an. Insbesondere war Preuß in der Ideenwelt von 1848 verwurzelt. Freilich konnte man sich nicht mit einer bloßen Wiederholung der Grundrechtsbestimmungen von 1848 begnügen. Manches erschien unter den veränderten Verhältnissen, wie Preuß sagte, als „Museumsstück“ und „alter Ladenhüter“.

Zudem stellten die Sozialdemokraten die Forderung nach einer gründlichen Umgestaltung der wirtschaftlichen und sozialen Verhältnisse. Vorrechte des Geschlechts oder des Geburtsstandes waren aufzuheben. So wurde nun die Gleichberechtigung der Geschlechter gewährleistet. Adelsbezeichnungen galten nurmehr als Teil des Namens und durften nicht mehr verliehen werden (Art. 109 Abs. 1–3 WV). Den unehelichen Kindern waren durch die Gesetzgebung die gleichen Bedingungen für ihre leibliche, seelische und gesellschaftliche Entwicklung zu schaffen wie den ehelichen Kindern (Art. 121 WV). Die Koalitionsfreiheit zur Wahrung und Förderung der Arbeits- und Wirtschaftsbedingungen wurde gewährleistet

(Art. 159 WV). Sozialstaatliche Bindungen wurden insbesondere sichtbar in dem Zusatz zur Eigentumsgarantie: „Eigentum verpflichtet. Sein Gebrauch soll zugleich Dienst sein für das Gemeine Beste" (Art. 153 Abs. 3 WV). Private wirtschaftliche Unternehmungen, die zur Vergesellschaftung geeignet waren, konnte das Reich durch Gesetz, unbeschadet der Entschädigung, in Gemeineigentum überführen (Art. 156 Abs. 1 Satz 1 WV). Auch auf der Ebene einfachen Rechts wurde der Sozialstaat ausgebaut, so etwa durch die Tarifvertragsverordnung vom 23. 12. 1918, das Betriebsrätegesetz vom 4. 2. 1920, das Mieterschutzgesetz vom 1. 6. 1923, die Reichsfürsorgepflichtverordnung vom 13. 2. 1924 und das Gesetz über Arbeitsvermittlung und Arbeitslosenversicherung vom 16. 7. 1927.

Als Reaktion auf sozialistische Reformbestrebungen verlangten andererseits die bürgerlichen Parteien jetzt auch die Gewährleistung mancher Institutionen, die sie gefährdet glaubten, so etwa des Erbrechts (Art. 154 WV), der Familie (Art. 119 WV), des Berufsbeamtentums (Art. 129f. WV), der bevorzugten Rechtsstellung der Kirchen (Art. 137 WV) und des Religionsunterrichts in der Schule (Art. 149 WV).

Den Grundrechten wurden – in naturrechtlicher Tradition (s.u. § 29 IV) – Bestimmungen über Grundpflichten der Bürger gegenübergestellt (Art. 120, 132–134, 163 Abs. 1 WV).

Literaturnachweise in: Ch. Gusy, Die Weimarer Reichsverfassung, 1997.

III. Das Scheitern der Weimarer Republik

Die unvernünftige Revanchepolitik der Siegermächte des Ersten Weltkriegs, nicht zuletzt die Reparationsforderungen, welche die wirtschaftliche Leistungsfähigkeit über das erträgliche Maß hinaus in Anspruch nahmen, setzten die junge deutsche Demokratie einer starken Belastungsprobe aus. Der rasche Verfall von Wirtschaft und Währung, die Vernichtung der Sparguthaben durch die Inflation und die aus all dem hervorgehenden Notlagen führten bereits in den Krisenjahren von 1919 bis 1923 zu einem raschen Anwachsen der rechtsradikalen und der linksradikalen politischen Kräfte. Dem rechtsradikalen Kapp-Putsch vom März 1920 folgte im April ein Versuch der Kommunisten, im Ruhrgebiet die Macht an sich zu reißen; unter schweren Kämpfen mit der „Roten Armee" marschierte die Reichswehr im Ruhrgebiet ein; Frankreich antwortete mit der Besetzung deutscher Städte im Maingau. Die im Londoner Ultimatum vom 5. 5. 1921 geforderten Reparationsleistungen von 132 Milliarden Goldmark mußten unter dem Druck der eingeleiteten Sanktionen von der Reichsregierung anerkannt werden. Das führte wiederum dazu, daß die verantwortlichen deutschen Staatsmänner von den Rechtsradikalen als Erfüllungspolitiker diffamiert wurden. Am 26. 8. 1921 wurde Erzberger ermordet, am 24. 6. 1922 Rathenau. Als Deutschland im Jahre 1923 mit den Reparationsleistungen in Verzug geriet, besetzte Frankreich das Ruhrgebiet. Zur gleichen Zeit brachen kommunistische Unruhen in Sachsen, Thüringen und Hamburg aus. All das mobilisierte auf der anderen Seite rechtsradikale Aktivitäten, in die sich auch der Münchener Putschversuch Hitlers vom 9. 11. 1923 einfügte.

Die Einführung der Rentenmark am 15. 11. 1923 beendete die Inflation und schuf die Grundlage für eine wirtschaftliche Stabilisierung. Nach der nun einsetzenden kurzen Phase innerer Entspannung brach im Jahre 1929 die Weltwirtschaftskrise aus. Die Zahl der Arbeitslosen, die – ohne ausreichendes „soziales Netz" – nicht selten in Not gerieten, stieg drastisch an. Eine Koalition demokratischer Parteien, die über die Reichstagsmehrheit verfügte, war 1928 noch einmal zustande gekommen und hatte die Regierung gestellt. Diese zerbrach am 27. 3. 1930, weil SPD und DVP – unter dem Druck der Freien Gewerkschaften hier und der Arbeitgeberverbände dort – über die Beitragserhöhung in der Arbeitslosenversicherung zu keinem Kompromiß fanden

Die anschließende Endzeit der Weimarer Republik glich einem Krisenmanagement: angesichts der Wirtschafts- und Finanzkrise, des Ansteigens der Arbeitslosenzahl auf über sechs Millionen, der gewaltsamen Auseinandersetzungen zwischen radikalen politischen Gruppen und der Unfähigkeit des Parlaments, stabile, regierungsfähige Mehrheiten zu bilden. Notgedrungen verließ die seit März 1930 amtierende Minderheitsregierung Brüning die parlamentarische Gesetzgebung. Üblicher Weg der Rechtssetzung wurden die Notverordnungen des Reichspräsidenten (Art. 48 WV). Das Mißtrauen in die Funktionsfähigkeit des parlamentarischen Systems und die Politikverdrossenheit ergriff immer breitere Schichten.

Nach den Reichstagswahlen vom 14. 9. 1930 waren die drei stärksten Parteien die republikfreundliche SPD, hinter ihr bereits die NSDAP und dahinter die KPD. Im März und April 1932 fand in zwei Wahlgängen die Präsidentschaftswahl statt. Im zweiten Wahlgang wurde der vierundachtzigjährige Paul von Hindenburg mit 53% der Stimmen wiedergewählt. 36,8% der Stimmen waren auf Hitler und 10,2% auf den Kommunisten Thälmann entfallen. Am 31. Juli fand eine Reichstagswahl statt. Die Nationalsozialisten erreichten 37,4 % der Stimmen. In den am 6. 11. 1932 erneut ausgeschriebenen Reichstagswahlen sank der Anteil der NSDAP bereits wieder auf 33,1%.

Brüning war im Mai 1932 zurückgetreten. Die anschließende Kanzlerschaft v. Papens währte nur fünfeinhalb Monate. Der dann zum Kanzler berufene General v. Schleicher scheiterte bereits nach zwei Monaten – auch mit seinen Versuchen, die NSDAP zu spalten und Rückhalt bei den Gewerkschaften zu finden. Nach seinem Rücktritt ernannte Hindenburg, der Hitler skeptisch gegenüberstand, am 30. 1. 1933 unter dem Einfluß seiner konservativ gesinnten Umgebung Hitler zum Reichskanzler, in der Hoffnung, ihn durch eine Mehrzahl bürgerlicher und konservativer Minister in Schranken zu halten. In der neuen Regierung waren außer Hitler zunächst nur zwei Nationalsozialisten vertreten: Frick als Innenminister und Göring als Minister ohne Portefeuille.

Fragt man nach den spezifisch staatsrechtlichen Rahmenbedingungen für die Zerstörung der Weimarer Verfassungsordnung, so ergibt sich folgendes Bild: Die rigorose Durchführung des Verhältniswahlrechts führte zu einer starken Parteienzersplitterung. Diese brachte – im Verein mit der uneingeschränkten Möglichkeit, der Regierung das Mißtrauen auszusprechen – einen raschen Wechsel der Kabinette und machte es in den letzten Jahren der Weimarer Republik überhaupt unmöglich, arbeitsfähige Regierungen zu bilden, die vom Vertrauen des Reichstags getragen gewesen wären. In dieser Situation gewannen die Rechte des Reichspräsidenten zur Ernennung des Kanzlers und zur Auflösung des Reichstags (Art. 25 WV) an Bedeutung. Vom Auflösungsrecht konnte er insbesondere dann Gebrauch machen, wenn einer Regierung seines Vertrauens ein Mißtrauensvotum drohte. So konnte in Krisenzeiten statt des Vertrauens des Parlaments das Vertrauen des Reichspräsidenten zur Grundlage der Regierungsgewalt werden.

Auch andere Notrechte des Reichspräsidenten setzten hier ein. So wurde insbesondere das schon genannte Notmaßnahmerecht des Reichspräsidenten zum beherrschenden Instrument der Rechtsgestaltung. Vermöge dieses Rechts füllte der Reichspräsident die Lücke, die durch die Regierungsunfähigkeit der Reichsregierungen und die Beschlußunfähigkeit des zersplitterten und vielfach radikalisierten Reichstags entstand.

In der Endzeit der Weimarer Republik verschob sich so der Schwerpunkt der Staatsleitung immer stärker zum Reichspräsidenten als dem voll funktionsfähig gebliebenen Staatsorgan. Auf solche Weise wurde dieser in die Tagespolitik hineingezogen und verließ notgedrungen die ihm zugedachte Rolle als pouvoir neutre, der über den Parteien und den Tagesquerelen stehen sollte.

Von den strukturellen Bedingungen dieser Entwicklung wurde oft die Rolle der Präsidialgewalt zu hoch und jene des Wahlsystems zu niedrig eingeschätzt. Der extensive Gebrauch der Präsidialgewalt – einschließlich der genannten Ausdehnung des Notmaßnahmerechts – war zwingend herausgefordert worden durch die Entscheidungsschwäche der Regierungen und die Funktionsschwäche des Reichstags: Die Parteienzersplitterung erschwerte es und machte es schließlich unmöglich, daß sich im Parlament Mehrheiten bildeten, die eine Regierung trugen. Die Ursache der Parteienzersplitterung wiederum lag im Verhältniswahlsystem, das deutschem Prinzipiendenken entsprach. Eine ähnliche Entwicklung war später auch in der französischen Vierten Republik zu beobachten. Ganz anders verhält es sich unter der de Gaulles'schen Verfassung, die, vom Wahlrecht abgesehen, in wesentlichen Strukturen der Weimarer Verfassung ähnelt. Hier werden die Abgeordneten der französischen Nationalversammlung – also des unmittelbar vom Volk gewählten Teiles des Parlaments – nach einem Mehrheitswahlsystem bestimmt, das eine klare Präferenz für je einen Wahlkreiskandidaten verlangt. Auf diese Weise wird für funktionsfähige Mehrheiten in der Nationalversammlung und damit für eine hinreichende parlamentarische Grundlage der Regierungsarbeit gesorgt. Zugleich wird das Aufkommen radikaler Parteien erschwert. Auch wird verhindert, daß das Gewicht der politischen Kräfte sich in gleichem Maße wie in der Weimarer Republik zum Präsidenten hin verschiebt, und eine immer noch annehmbare Balance im System der politischen Gewalten gewährleistet.

Literaturnachweise in: Huber, VII; *Willoweit,* § 38.

§ 26. Die nationalsozialistische Diktatur

I. Die Errichtung der Diktatur

Schon zwei Tage nach seiner Ernennung veranlaßte Hitler die Auflösung des Reichstags. Für den 5. März wurden Neuwahlen ausgeschrieben. Die Ereignisse der Zwischenzeit sollten zugunsten der NSDAP genutzt werden. Am 27. Februar brannte das Reichstagsgebäude in Berlin aus. Die Brandstiftung wurde den Kommunisten untergeschoben und zu deren Unterdrückung benützt: Schon am folgenden Tag wurde die Notverordnung Hindenburgs „Zum Schutz von Volk und Staat" erlassen. Sie setzte Grundrechte der Weimarer Verfassung außer Kraft und gab Hitler die Möglichkeit, gegen politische Gegner vorzugehen. Trotz hemmungsloser Propaganda erreichte aber die NSDAP in der Reichstagswahl vom 5. März nur 44% der Sitze. Zusammen mit den Deutschnationalen konnten sie aber immerhin über 52%, also über die absolute Mehrheit im Reichstag verfügen.

Am 24. März erging – zunächst auf vier Jahre befristet – das Ermächtigungsgesetz („Gesetz zur Behebung der Not von

Volk und Reich"); nach ihm konnten Gesetze auch von der Reichsregierung erlassen werden; sie durften auch von der Verfassung abweichen, soweit sie nicht die Einrichtung des Reichstags oder des Reichsrats als solche zum Gegenstand hatten oder die Rechte des Reichspräsidenten berührten. Dieses Gesetz wurde im Reichstag von allen Parteien – außer den Sozialdemokraten und den von der Abstimmung ausgeschlossenen kommunistischen Abgeordneten – angenommen. Damit hatte Hitler auf legalem Wege das Instrument zur Beseitigung der Weimarer Demokratie in die Hand bekommen. Nach dem Erlaß des Ermächtigungsgesetzes wurden nur noch sieben Gesetze vom Reichstag selbst verabschiedet. Zwei davon betrafen Verlängerungen des Ermächtigungsgesetzes in den Jahren 1937 und 1939.

Der Herstellung des Einheitsstaates und der Beseitigung der föderativen Struktur des Reichs diente – nach zwei vorbereitenden Gesetzen vom 31. 3. und vom 7. 4. 1933 – das Gesetz vom 30. 1. 1934 über den Neuaufbau des Reichs. Es beseitigte die Staatlichkeit der Länder; deren Parlamente wurden aufgehoben; die Landesregierungen wurden zu Verwaltungsbehörden des Reichs, die Landesverwaltungen der Weisung der zentralen Reichsbehörden unterstellt. Der Reichsrat als Vertretungsorgan der Länder wurde am 7. 4. 1934 aufgelöst. Zu ständigen Vertretern der Reichsregierung in den Ländern wurden die Reichsstatthalter bestimmt (Gesetze vom 7. 4. 1933 und 30. 1. 1935).

Die pluralistischen Kräfte wurden generalstabsmäßig ausgeschaltet. Die KPD wurde bereits im März verboten, ihr Vermögen auf Grund des Gesetzes vom 26. 5. 1933 eingezogen. Am 2. Mai 1933 wurden die Gewerkschaften aufgehoben. Die SPD wurde aus dem Reichstag, den Landtagen und allen Gemeindevertretungen ausgeschlossen (Verordnung vom 7. 7. 1933). Die übrigen Parteien lösten sich unter Druck im Juni und Juli selbst auf. Am 14. Juli erging das Gesetz gegen die Neubildung von Parteien, das der NSDAP das Monopol sicherte. Der kulturellen Gleichschaltung dienten das Reichskulturkammergesetz vom 22. 9. und das Schriftleitergesetz vom 4. 10. 1933. Einer zunehmend sich verdichtenden Wirtschaftslenkung dienten Vierjahrespläne (Verordnungen vom 18. 10. 1936 und vom 18. 10.

1940), in deren Vollzug insbesondere Arbeitseinsatz, Warenverkehr und Preisbildung reglementiert wurden. Als Disziplinierungs- und Kontrollinstrument für alle Bereiche des öffentlichen Lebens wurde der Parteiapparat ausgebaut.

Am 2. 8. 1934 starb Hindenburg. Durch das unmittelbar vorher beschlossene Gesetz vom 1. 8. 1934 „Über das Oberhaupt des Deutschen Reichs“ wurde das Amt des Reichspräsidenten mit dem des Reichskanzlers vereinigt. Die Befugnisse des Reichspräsidenten gingen auf den Führer und Reichskanzler Adolf Hitler über. Damit vereinigte Hitler die gesamte gesetzgebende und vollziehende Gewalt in seiner Person. In einer Volksbefragung vom 19. August billigten 84% der Wahlberechtigten nachträglich dieses Gesetz.

Die allgemeine Wehrpflicht wurde durch Gesetz vom 16. 3. 1935 eingeführt. Als Inhaber der Funktionen des Reichspräsidenten hatte Hitler auch den Oberbefehl über die Wehrmacht. Nach Entlassung des Reichskriegsministers von Blomberg am 4. 2. 1938 übernahm Hitler zusätzlich dessen Funktion.

Am 26. 4. 1942 ließ Hitler sich vom Reichstag auch noch die Vollmacht erteilen, als oberster Gerichtsherr zu entscheiden und zu strafen, wenn das Wohl des Volkes es verlange.

So war eine kaum zu überbietende Konzentration der öffentlichen Gewalt in der Hand Hitlers zustande gebracht. Die „Führergewalt“ galt der Staatsrechtslehre als allumfassende Hoheitsgewalt, die alle Teile der Reichsgewalt in sich schloß.

Das Führerprinzip, welches das Reich beherrschte, wurde ein auch die nachgeordneten Verwaltungsinstanzen prägender Organisationsgrundsatz: Weitgehend wurden die Kollegialbehörden durch verantwortlich entscheidende Einzelpersonen ersetzt.

Literaturnachweise in: Mitteis/Lieberich, Kap. 50; *Laufs,* XI 1; *Willoweit,* §§ 39–40.

II. Die Verfassung des NS-Staates

Nach dem Selbstverständnis der nationalsozialistischen Staatsrechtslehre war der NS-Staat ein „Führerstaat“, für den eine

Sonderstellung innerhalb der Staatsformen beansprucht wurde, der aber ohne Frage eine totalitäre, autokratische Diktatur im Sinne der Allgemeinen Staatslehre war. Die Charakteristika dieses Staatssystems seien an Hand des damals führenden Lehrbuches von Ernst Rudolf Huber (Verfassungsrecht des Großdeutschen Reichs, 2. Aufl. 1939) dargestellt; nur wo es geboten erscheint, wird in den Zitaten das Präsens in die Vergangenheit übersetzt. Auf diese Weise gewinnt man – mit den Worten der damaligen Staatsrechtslehre – ein Bild der Machtstrukturen, wie sie von Miterlebenden in staatsrechtliche Begriffe gefaßt wurden.

Im Mittelpunkt des Staates stand die „Führergewalt". Von ihr galt: „Der Führer vereinigt in sich alle hoheitliche Gewalt des Reiches; alle öffentliche Gewalt im Staat wie in der Bewegung leitet sich von der Führergewalt ab ... Die Führergewalt ist umfassend und total ... (Sie) ist nicht durch Sicherungen und Kontrollen, durch autonome Schutzbereiche und wohlerworbene Einzelrechte gehemmt, sondern sie ist frei und unabhängig, ausschließlich und unbeschränkt" (S. 230).

Diese Gewalt wurde nicht aus staatsrechtlichen Positionen der Weimarer Verfassung hergeleitet. Versteht man unter einer Revolution die wesentliche Umgestaltung der Grundstrukturen einer Verfassungsordnung, dann hatte Hitler recht, von der nationalsozialistischen Revolution zu sprechen.

1. Die Führergewalt und das Volk

Über das Verhältnis des Führers zum Volk hieß es: „Die parlamentarische Demokratie ging von der Ideologie aus, daß in ihr der Wille des Volkes, der sich in Wahlen und Abstimmungen manifestiere, maßgebend sei. Das völkische Führerreich beruht auf der Erkenntnis, daß der wahre Wille des Volkes nicht durch parlamentarische Wahlen und Abstimmungen gefunden werden kann, sondern daß der Wille des Volkes nur durch den Führer rein und unverfälscht hervorgehoben wird" (S. 194). Der Führer ist „kein ‚Organ' des Staates im Sinne eines bloß ausführenden Handlungsträgers. Er ist vielmehr selbst der

Träger des völkischen Gemeinwillens; in seinem Willen tritt der Volkswille in die Erscheinung" (S. 195). „Der völkische Gemeinwille ... wird durch den Führer zum Bewußtsein erhoben und offenbart" (S. 196).

„Daß sich der Volkswille im Führer verkörpert, schließt nicht aus, daß der Führer die lebenden Volksangehörigen zur Abstimmung über eine bestimmte Frage aufruft. Durch diese ‚Volksbefragung' gibt der Führer die Entscheidung allerdings nicht an das abstimmende Volk ab. Der Sinn der Abstimmung ist nicht, daß das Volk von sich aus an Stelle des Führers handelt und daß das Ergebnis der Abstimmung an die Stelle des Führerwillens tritt. Die Abstimmung hat vielmehr den Sinn, das gesamte lebende Volk für ein vom Führer aufgestelltes politisches Ziel aufzurufen und einzusetzen ... Wesentlich ist für diese Volksabstimmung daher, daß der Führer mit einer klaren Entscheidung vor das Volk tritt und es aufruft, ihm auf dem eingeschlagenen Wege zu folgen" (S. 199 f.). „Der eigentliche Willensträger des Volkes aber bleibt der Führer selbst. Auch wenn sich das abstimmende Volk gegen ihn wendet, ist er es, der die objektive Sendung des Volkes verkörpert. Er braucht daher vor den in der Abstimmung zutage tretenden Meinungen und Bestrebungen nicht zurückzuweichen. Falls das Volk der beabsichtigten Maßnahme nicht zustimmt, kann sie doch durchgeführt werden" (S. 202).

„Auch die Wahlen zum Reichstag sind zu einer echten Volksabstimmung geworden ... In diesen Abstimmungen ist der Charakter der Wahl im alten Sinne verlorengegangen, zu dem gehörte, daß man zwischen mehreren positiven Möglichkeiten wählen konnte, während man heute auf die Alternative ‚Ja' oder ‚Nein' beschränkt ist, wobei das ‚Nein' die Selbstausschaltung aus dem politischen Leben bedeutet" (S. 203).

Kurz: „Der Gemeinwille des deutschen Volkes wird im Führerentscheid sichtbar, in welcher Form auch immer das ganze Volk oder die Volksvertretung mit für die Bekräftigung des Führerentscheids eingesetzt werden mag. Das völkische Reich unterscheidet sich durch diese willensbildende Macht des Führertums von jeder Form der Demokratie" (S. 209).

2. Die Stellung des Führers im System der Staatsfunktionen

Die Konzentration der Staatsgewalt in der Hand des Führers kam insbesondere bei der Darstellung der gesetzgebenden, der vollziehenden und der richterlichen Gewalt zum Ausdruck: „Alle gesetzgebende Gewalt im neuen Reich geht auf den Entscheid des Führers zurück ... Träger der gesetzgebenden Gewalt ist also stets der Führer selbst. Die bisher erlassenen Verfassungsvorschriften bringen den ... Wandel noch nicht in völliger Klarheit zum Ausdruck. So erweckt der Wortlaut des Gesetzes zur Behebung der Not von Volk und Reich vom 24. März 1933 den Eindruck, als sei an sich die gesetzgebende Gewalt des Reichstags aufrechterhalten worden; nur sei neben ihn die Reichsregierung als zweiter Reichsgesetzgeber getreten, der als Kollegium durch ‚Mehrheitsbeschluß' zu entscheiden habe ... Das wäre immerhin ein überraschendes Ergebnis in einem ‚Führerstaat', der durch den Grundsatz von der Einheit der politischen Gewalt bestimmt ist. In Wahrheit gibt es nur einen Gesetzgeber im Deutschen Reich: das ist der Führer selbst. Die gesetzgebende Gewalt wird vom Führer im allgemeinen gemeinsam mit der Reichsregierung ausgeübt. Jedoch wird der Wille der Regierung nicht im Wege der Abstimmung festgestellt, sondern auf Grund einer gemeinsamen sachlichen Beratung durch einen Entscheid des Führers gebildet" (S. 237).

Der Führer ist auch „der selbständige und unbeschränkte Träger der auswärtigen Gewalt ... Er bestimmt die gesamte Außenpolitik des Reiches; er schließt Verträge und Bündnisse im Namen des Reiches ab; er ist der Herr über Krieg und Frieden" (S. 262f.).

Er hat auch den militärischen Oberbefehl: Nach der Regelung vom 4. Februar 1938 „geht alle militärische Befehlsgewalt unmittelbar vom Führer selber aus; das Oberkommando der Wehrmacht ist keine selbständige Befehlsstelle, sondern ein militärischer Stab, der die militärischen Anordnungen des Führers vollzieht" (S. 269).

Es ist fast langweilig, zu sagen, daß auch die Organisationsgewalt „uneingeschränkt dem Führer" zustand (S. 271): „Die

Errichtung aller öffentlichen Ämter und ihre Besetzung wird entweder unmittelbar vom Führer vorgenommen oder geht mittelbar auf ihn zurück" (S. 272).

„Als oberster Träger aller Gemeinschaftsfunktionen wird der Führer auch zum Träger der Gerichtshoheit und der Gerichtsgewalt ... Der Führer ist der oberste Gerichtsherr des Volkes" (S. 278). „Das lebendige völkische Recht wird im Volke in erster Linie durch den Führer verwirklicht, und der rechtsprechende Richter des neuen Reiches ist notwendig dem Führerwillen, der eben Ausdruck des höchsten Rechts ist, untergeordnet" (S. 278f.).

3. Die Stellung des Führers in der Reichsregierung

Die Stellung des Führers innerhalb der Reichsregierung ließ sich auf folgende Weise beschreiben: „In allen Angelegenheiten der Bewegung, des Volkes und des Reiches hat der Führer die alleinige letzte Entscheidungsmacht ... Auch wo die Gesetze eine bestimmte Aufgabe der ‚Reichsregierung' zuweisen, ist es der Führer, dem die letzte verantwortliche Entscheidung zukommt. Bei seinen Entscheidungen bedient sich der Führer jedoch des Rates und der gestaltenden Mitwirkung seiner Mitarbeiter, insbesondere der Reichsregierung, in der die Unterführer für die einzelnen staatlichen Aufgabenbereiche vereint sind ... Die Reichsminister werden vom Führer ernannt und stehen zu ihm und zum Reich in einem öffentlichen Amtsverhältnis". Sie „können jederzeit vom Führer aus ihrem Amt verabschiedet werden" (S. 223). Der Wille der Regierung wird also „nicht wie beim Kollegialsystem durch Abstimmung gebildet; auch Zweifel und Meinungsverschiedenheiten in der Regierung werden ... vom Führer entschieden. Die Reichsminister, die den Führer zu beraten haben, sind ihm, wie der Eid ergibt, den sie auf Grund des Gesetzes vom 16. Oktober 1934 leisten, zu Treue und Gehorsam verpflichtet. Der Führer ist also nicht nur ‚primus inter pares', ... sondern er ist den übrigen Reichsministern unbedingt übergeordnet" (S. 227).

4. Das Reich und die Länder

Auch die föderativen Hindernisse einer in der Hand des Führers zentralisierten Staatsgewalt wurden hinweggeräumt. Nachdem durch das Gesetz vom 30. 1. 1934 „der Bundesstaat vernichtet und nur dem Reich noch wahrhafte Staatlichkeit zuerkannt war, konnte auch nur dem Reich ursprüngliche Hoheitsgewalt zustehen; die Landeshoheit konnte nur mehr vom Reich abgeleitete Hoheit sein" (S. 324). Insbesondere „die Gesetzgebungshoheit, die ein wesentliches Stück der alten Länderstaatlichkeit war, (wurde) ausschließlich in die Hand des Reiches gelegt". Auch alle Verwaltung war von jetzt ab nur noch Ausdruck der Reichsgewalt, die Landesverwaltung „nur mehr eine besondere Form der Reichsverwaltung" (S. 328). Alle bisherigen Landesgerichte wurden zu Gerichten des Reiches (S. 330).

5. Keine Grundrechte im Führerstaat

Selbstverständlich konnte es auch keine individualrechtlichen Schranken der Führergewalt geben. Über die Rechtsstellung der Einzelnen gegenüber dem Staat galt: „Insbesondere die Freiheitsrechte des Individuums gegenüber der Staatsgewalt mußten verschwinden; sie sind mit dem Prinzip des völkischen Reiches nicht vereinbar. Es gibt keine persönliche, vorstaatliche und außerstaatliche Freiheit des Einzelnen, die vom Staat zu respektieren wäre. An die Stelle des isolierten Individuums ist der in die Gemeinschaft gliedhaft eingeordnete Volksgenosse getreten, der von der Totalität des politischen Volkes erfaßt und in das Gesamtwirken einbezogen ist. Es kann hier keine private staatsfreie Sphäre mehr bestehen, die der politischen Einheit gegenüber unantastbar und heilig wäre" (S. 361). „Freiheitsrechte, Institutsgarantien und institutionelle Garantien fallen in der völkischen Verfassung dahin ... Die liberale Verfassung war ihrem Wesen nach ‚Garantie'; sie war ein System von Sicherungen und Gewährleistungen gegen die Staatsgewalt. Die völkische Verfassung hat diese Garantiefunktion nicht; sie soll im Gegenteil die Wirksamkeit und Schlagkraft der politischen Gewalt erhöhen. Sie soll nicht die Individuen und Gruppen gegen das Ganze schützen, sondern sie dient der Einheit und Ganzheit des Volkes gegen alle individualistischen und gruppenmäßigen Zersetzungen" (S. 363).

6. Die Einheit von Partei und Staat

Nicht zuletzt diente die Partei als Instrument, die politische Gemeinschaft zu disziplinieren und die Herrschaftsgewalt in der Hand des Führers zu konzentrieren. Das Gesetz zur Sicherung der Einheit von Partei und Staat vom 1. 12. 1933 erklärte die NSDAP zur Trägerin des deutschen Staatsgedankens und erhob sie zur Körperschaft des öffentlichen Rechts; doch wurde sie „von allen anderen öffentlich-rechtlichen Körperschaften unterschieden. Sie (war) vor allem eine Einrichtung des Verfassungslebens, ... ein aktiver Bestandteil der politischen Grundordnung von Volk und Reich, und zwar ... die gestaltende Kraft", welche die Verfassung bildete, trug und erhielt (S. 297).

In welchem Ausmaß die Partei das politische, wirtschaftliche und geistige Leben, ja sogar die Freizeitgestaltung durchdrang, wird in ihren Gliederungen sichtbar. Zentrales Organ war die Reichsleitung. Regional war die Partei in Gaue, Kreise, Ortsgruppen, Zellen und Blocks gegliedert. Zu ihren funktionalen Gliederungen gehörten die paramilitärischen Verbände der SA, der SS und des Nationalsozialistischen Kraftfahrerkorps, ferner die Hitlerjugend, die NS-Frauenschaft und der NS-Deutsche Studentenbund. Angeschlossene Verbände waren z.B. die Deutsche Arbeitsfront, der NS-Beamtenbund, der NS-Lehrerbund, der NS-Rechtswahrerbund, der NS-Deutsche Ärztebund, der Reichsluftschutzbund und die NS-Kriegsopferversorgung.

Die Partei unterstand keiner Aufsicht eines staatlichen Organs, sondern war „eine unmittelbare Verfassungseinrichtung, über der es keine staatliche Kontrollinstanz (gab). Keine staatliche Dienststelle (war) als solche berechtigt, sich durch Einsichtnahme, Hinweise, Ermahnungen oder Anordnungen in die Verwaltung der Partei einzumischen. Nur dem Führer des

Volkes und Reiches selbst (war) mit der Führung der Partei auch das letzte Entscheidungsrecht in allen Fragen der inneren Parteiverwaltung gegeben" (S. 303). „Auf der anderen Seite (übte) aber auch die Partei keine unmittelbare allgemeine Aufsicht und Kontrolle gegenüber den staatlichen Verfassungs- und Verwaltungsorganen aus" (S. 304).

„Die verfassungsmäßige Einheit von Partei und Staat (wurde) nicht durch gegenseitige Überwachungs – oder Befehlsrechte, sondern durch andere Maßnahmen hergestellt. Unter ihnen (war) die wichtigste das System der Personal- und Realunionen, durch das der Aufbau der deutschen Verfassung entscheidend getragen (wurde). Ausdrückliche Bestimmungen über diese Verbindungen (bestanden) zwar nicht; auch eine schematische Praxis, die keine Ausnahmen duldete, ist nicht ausgebildet worden. Trotzdem (war) es geltender Verfassungsgrundsatz des Reiches, daß die wichtigen Staatsämter im allgemeinen mit den Trägern gleichstufiger Parteiämter besetzt" (S. 304) wurden. Das System der Personalunion bestand „in dreifacher Stufung: 1. in den zentralen Reichsämtern, so beim Reichspropagandaminister, dem Reichsernährungsminister, dem Reichsführer SS und Chef der deutschen Polizei, dem Reichsjugendführer, dem Reichsarbeitsführer, dem Chef der Auslandsorganisation, dem Reichspressechef; 2. in den Mittelinstanzen der Staatsverwaltung, so bei der Mehrzahl der Reichsstatthalter und Oberpräsidenten (Gauleiter) und der Polizeipräsidenten (höhere SA- und SS-Führer); 3. in der Leitung der ständischen Organisationen, so bei der Deutschen Arbeitsfront (Reichsorganisationsleiter Dr. Ley), dem Reichsnährstand (Reichsleiter Darré), der Reichskulturkammer (Reichsleiter Dr. Goebbels), dem Rechtswahrerbund und der Akademie für Deutsches Recht (Reichsleiter Dr. Frank)" (S. 298). In den unteren Instanzen der inneren Verwaltung, also auf der Ebene der Landräte (und Kreisleiter) wurden die zeitweilig bestehenden Personalunionen aufgehoben. Hier griff dann „eine weitgehende Anhörung und Beratung Platz, die den Einklang der Staatsverwaltung und der Partei (herstellte). Besondere Bedeutung (hatte) die Stellung der Beauftragten der NSDAP in den Gemeinden, durch die der Bewegung ein festumrissener Einflußbereich in der Gemeindeverwaltung zugewiesen" (S. 299) war.

Dieses monolithische System, das auf die Diktatur eines Monomanen zugeschnitten war, begann erst am 30. April 1945 mit dem Selbstmord Hitlers sich aufzulösen. Aber selbst die von Hitler verfügte Nachfolgeregelung wurde noch gehorsam befolgt: Goebbels wurde Reichskanzler, Dönitz Reichspräsident, Kriegsminister und Oberster Befehlshaber der Wehrmacht.

Das Amt des Reichskanzlers Goebbels erledigte sich durch dessen Selbstmord am 1. 5. 1945. Die Gesamtkapitulation wurde am 7. 5. 1945 von Jodl in Reims unterzeichnet und am 9. 5. 1945 von Keitel, v. Friedeburg und Stumpff in Karlshorst bestätigt. Sie trat an diesem Tage in Kraft. Dönitz erklärte die NSDAP für aufgelöst. Am 23. 5. 1945 wurde die Dönitzsche Regierung in Mürwik gefangengesetzt; eine alliierte Militärkommission erklärte Dönitz, daß die Reichsregierung aufgehört habe zu existieren.

Literaturnachweise in: VerwGesch, IV S. 653 ff., 696 ff., 732 ff.; *Laufs,* XI 2; *Eisenhardt,* §§ 71 ff.; *Kröger II,* § 1.

§ 27. Das Wiederentstehen deutscher Staatlichkeit

I. Die Militärregierungen

Im Londoner Protokoll vom 12. 9. 1944 vereinbarten Großbritannien, die Sowjetunion und die USA, daß Deutschland nach der bedingungslosen Kapitulation in Zonen eingeteilt werde, von denen je eine einem Alliierten zugewiesen werde; Berlin werde ihrer gemeinsamen Besatzungshoheit unterworfen. Nach dem Londoner Abkommen vom 14. 11. 1944 sollten die obersten Befehlshaber der alliierten Streitkräfte – jeder in seiner eigenen Besatzungszone und nach den Weisungen seiner Regierung – die oberste Gewalt in Deutschland ausüben. Die Oberbefehlshaber sollten gemeinsam handelnd einen Kontrollrat als oberstes Kontrollorgan bilden; dieser sollte auch durch entsprechende Organe – die Interalliierte Kommandantur – die Verwaltung Berlins leiten. Durch den Beitritt Frankreichs (1. 5.

1945, 26. 7. 1945) wurden diese Vereinbarungen zu Viermächteabkommen abgewandelt. Durch Erklärung der Oberbefehlshaber der alliierten Streitkräfte vom 5. 6. 1945 übernahmen die Regierungen der vier Mächte die oberste Regierungsgewalt in Deutschland. Durch Proklamation vom 30. 8. 1945 wurde der Kontrollrat als gemeinsames Gremium der Zonenbefehlshaber gebildet. Seine Entscheidungen mußten einstimmig getroffen werden. Seine Gesetze bedurften zu ihrer Wirksamkeit einer Verkündung durch die einzelnen Zonenbefehlshaber.

Nach dem Potsdamer Abkommen vom 2. 8. 1945 wurde – bis zur endgültigen Regelung der Reichsgrenzen durch eine Friedenskonferenz – die Nordhälfte Ostpreußens mit Königsberg der Verwaltung der Sowjetunion, das übrige Ostdeutschland bis zur Oder-Neiße-Linie Polen zur Verwaltung übertragen. Ein Friedensvertrag mit Deutschland wurde bis zur Einsetzung einer deutschen Zentralregierung vertagt.

Im Zusammenhang mit dem inzwischen voll ausgebrochenen Ost-West- Konflikt wurden 1948 die gemeinsamen alliierten Organe funktionsunfähig. Nachdem von den Westmächten die Schaffung eines westdeutschen Staates beschlossen war (s.u. III), stellte die Sowjetunion am 20. 3. 1948 ihre Mitarbeit im Kontrollrat ein. Im Juni 1948 verließ der Vertreter der Sowjetunion die Interalliierte Kommandantur in Berlin für immer, so daß von nun an nurmehr die drei westlichen Stadtkommandanten eine gemeinsame Verwaltung der Westsektoren führten. Ost-Berlin wurde von der Sowjetunion als Teil der Ostzone und seit 1949 als Hauptstadt der Deutschen Demokratischen Republik behandelt.

Literaturnachweise in: M. Stolleis, in: Handbuch des Staatsrechts, § 5; *Kröger II,* § 2; *Willoweit,* § 41.

II. Die Entstehung der Länder

Öffentliche Funktionen wurden zuerst auf Gemeinde- und Kreisebene wieder in deutsche Hand gelegt. Hier wurde eine demokratische Selbstverwaltung geschaffen.

In der amerikanischen Besatzungszone wurde durch Proklamation der amerikanischen Militärregierung vom 19. 9. 1945 das

Land Hessen gebildet; Nordbaden und Nordwürttemberg wurden zum Land Württemberg-Baden vereinigt. Die bisher zu Bayern gehörende Pfalz fiel in die französische Besatzungszone. Schon im Jahre 1945 berief die amerikanische Militärregierung deutsche Landesregierungen. Im November und Dezember 1946 wurden in Bayern (2. 12. 1946), Württemberg-Baden (29. 11. 1946) und Hessen (1. 12. 1946) Landesverfassungen durch Volksabstimmungen gebilligt. Bremen wurde durch Proklamation der US-Militärregierung vom 21. 1. 1947 ein eigenes Land und gab sich am 21. 10. 1947 eine Verfassung.

In der britischen Zone wurden durch Militärregierungsverordnungen vom 23. 8. 1946 und vom 1. 11. 1946 die Länder Schleswig-Holstein, Nordrhein-Westfalen, Hamburg und Niedersachsen geschaffen. Nordrhein-Westfalen gab sich am 18. 6. 1950, Niedersachsen am 13. 4. 1951 und Hamburg am 6. 6. 1952 eine Verfassung.

In der französischen Zone wurden die Länder Rheinland-Pfalz, Baden (aus Südbaden und Südwürttemberg-Hohenzollern) gebildet. Die Verfassungen der Länder der französischen Zone wurden durch Volksabstimmungen vom 18. 5. 1947 angenommen.

In der Sowjetzone wurden die Länder Thüringen, Sachsen, Sachsen-Anhalt, Brandenburg und Mecklenburg gebildet, deren Landtage in den Jahren 1946 und 1947 Landesverfassungen erließen.

Preußen wurde am 25. 2. 1947 durch Kontrollratsgesetz aufgelöst.

Später wurde durch Bundesgesetz vom 4. 5. 1951 aus den Ländern Baden, Württemberg-Baden und Württemberg-Hohenzollern das Land Baden-Württemberg gebildet, dessen Verfassung vom 11. 11. 1953 von einer verfassunggebenden Versammlung beschlossen wurde.

Literaturnachweise: Wie zu I.

III. Die Entstehung der Bundesrepublik

Am 17. 10.1945 wurde als Vorstufe einer weitergehenden Integration für die amerikanische Zone ein Länderrat geschaffen, der zunächst eine Ministerpräsidentenkonferenz, später eine Versammlung von Delegierten der Landesregierungen war. In der britischen Zone wurde im März 1946 aus hohen Vertretern deutscher Verwaltungsinstanzen, Parteien und Gewerkschaften ein Zonenbeirat gebildet, der die Militärregierung zu beraten hatte. Im November und Dezember 1947 wurden fünf deutsche Zentralstellen für eine gemeinsame Verwaltung der amerikanischen und britischen Zone errichtet, am 1. Januar 1947 die amerikanische und die britische Zone zu einer Bi-Zone zusammengeschlossen. Für sie wurde – als Organ einer gemeinsamen Wirtschaftsverwaltung des vereinigten Wirtschaftsgebietes – ein Wirtschaftsrat gebildet. Am 8. April 1949 wurde die Bi-Zone durch Aufnahme der französischen Zone zu einer Tri-Zone erweitert.

Auf der Londoner Konferenz im November 1947 berieten Frankreich, Großbritannien, die Sowjetunion und die Vereinigten Staaten über das künftige Schicksal Deutschlands. Nachdem sie zu keiner Einigung gelangt waren, folgte eine Londoner Konferenz Frankreichs, Großbritanniens und der Vereinigten Staaten gemeinsam mit Belgien, Luxemburg und den Niederlanden; auf ihr wurde am 6. 3. 1948 die Gründung eines westdeutschen Staates beschlossen. In der Folge wurden den Ministerpräsidenten der zu den westlichen Besatzungszonen gehörenden Länder die „Frankfurter Dokumente" vom 1. 7. 1948 übergeben. Dokumente I autorisierte die Ministerpräsidenten, eine Nationalversammlung einzuberufen, die eine Verfassung für einen demokratischen, freiheitsichernden Bundesstaat ausarbeiten sollte. Dokument II beauftragte die Ministerpräsidenten, zu prüfen, welche Änderungen für die innerdeutschen Landesgrenzen vorzuschlagen seien. Dokument III enthielt Leitsätze für ein später zu erlassendes Besatzungsstatut.

Auf Grund des ersten Dokumentes berief die Ministerpräsidentenkonferenz zunächst einen Sachverständigenausschuß, der im August 1948 in Herrenchiemsee tagte und einen vorbereitenden Verfassungsentwurf für einen Bundesstaat erstellte. Die endgültigen Verfassungsberatungen führte der Parlamentarische Rat, der am 1. 9. 1948 in Bonn zusammentrat. Er bestand aus 65 Ländervertretern, die von den Landtagen der westdeutschen Länder gewählt worden waren. Die Alliierten griffen in die Beratungen durch Empfehlungen ein, die sich vor allem darauf richteten, die föderalistische Struktur des künftigen Bundesstaates zu stärken. Nachdem der Parlamentarische Rat am 8. 5. 1949 den Grundgesetzentwurf angenommen hatte, wurde vier Tage später die Genehmigung der westlichen Besatzungsmächte erteilt.

Der Entwurf bedurfte nach dem 1. Frankfurter Dokument in 2/3 der beteiligten Länder der Annahme durch Referendum – auf deutsche Intervention hin abgewandelt in eine Annahme durch die Volksvertretungen (26. 7. 1948). Nur der bayerische Landtag versagte dem Grundgesetz seine Zustimmung, erkannte jedoch zugleich, für den Fall, daß das Grundgesetz in Kraft trete, die Zugehörigkeit Bayerns zum Bund an. Das Grundgesetz wurde am 23. 5. 1949 ausgefertigt und im Bundesgesetzblatt verkündet und trat am 24. 5. 1949 in Kraft (Art. 145 GG). Funktionsfähig wurde die Verfassung mit der Bestellung der hauptsächlichen Verfassungsorgane, also mit dem Zusammentritt des vom Volk gewählten Bundestages (7. 9. 1949), der Wahl des Bundespräsidenten (12. 9. 1949) und der Wahl und Ernennung des Bundeskanzlers (15./20. 9. 1949). Das Verhältnis der westlichen Besatzungsmächte zur Bundesrepublik Deutschland wurde von da an (21. 9. 1949) durch das Besatzungsstatut vom 8. 4. 1949 geregelt.

Bald darauf wurden die ersten Schritte zu einer Integration Westeuropas eingeleitet. Durch Vertrag vom 18. 4. 1951 schufen Deutschland, Frankreich, Italien und die Benelux-Staaten die Montanunion. Am 23. 10. 1954 wurden die vier Pariser Verträge unterzeichnet. Sie betrafen den Beitritt der Bundesrepublik zum Brüsseler Pakt (jetzt zur Westeuropäischen Union abgewandelt) und zum Nordatlantikpakt, ferner die Beendigung des Besatzungsregimes, die Stationierung ausländischer Streitkräfte in der Bundesrepublik und das Saarstatut.

Durch den Deutschland-Vertrag vom 26. 5. 1952 i.d.F. v. 23. 10. 1954 beendeten die Westmächte am 5. 5. 1955 das Besatzungsregime und sprachen der Bundesrepublik den Status eines souveränen Staates zu, behielten sich aber ihre Rechte und Verantwortlichkeiten für Berlin und Deutschland als Ganzes und befristet auch militärische Rechte vor. Die Organe der Bundesrepublik erhielten damit die Befugnis, Rechtssätze des Besatzungsrechts aufzuheben oder zu ändern.

Am 27. 10. 1956 wurde ein deutsch-französisches Übereinkommen über die Rückkehr des Saargebietes zu Deutschland geschlossen; mit Wirkung vom 1. 1. 1957 trat das Saarland der Bundesrepublik bei.

Zur Weiterführung der europäischen Integration schlossen sich die Vertragsstaaten der Montanunion am 25. 3. 1957 in den Römischen Verträgen zusätzlich zu einer Europäischen Wirtschaftsgemeinschaft und einer Europäischen Atomgemeinschaft zusammen.

Literaturnachweise in: VerwGesch, V S. 87; *M. Stolleis, R. Mußgnug,* in: Handbuch des Staatsrechts, §§ 5 und 6; *Kröger II,* § 3; *Willoweit,* §§ 42, 43.

IV. Die Deutsche Demokratische Republik

1. Die Entstehung der Deutschen Demokratischen Republik

Die Initiative zur Entstehung der DDR-Verfassung lag von Anfang an in den Händen der SED. Der Parteivorstand lud Ende des Jahres 1947 alle deutschen politischen Parteien zu einem Deutschen Volkskongreß ein, zu dem aber von den westdeutschen Parteien lediglich die KPD Vertreter entsandte. Ein zweiter Volkskongreß, der am 18. 3. 1948 zusammentrat, wählte aus seiner Mitte einen Deutschen Volksrat, der damit beauftragt wurde, einen Verfassungsentwurf zu erstellen. Ein im Mai in der Sowjetzone gewählter dritter Volkskongreß bestätigte am 30. 5. 1949 diesen Verfassungsentwurf und wählte einen neuen Volksrat, der sich als Volkskammer konstituierte und die – inzwischen von der sowjetischen Militäradministration genehmigte – Verfassung am 7. 10. 1949 in Kraft setzte. Zur gleichen Zeit wurde die sowjetische Militäradministration in eine Kontrollkommission umgewandelt.

2. Herrschaftsstrukturen unter der Verfassung von 1949

Trotz gewisser äußerer Ähnlichkeiten und sogar textlicher Anlehnungen an die Weimarer Verfassung war die Verfassung von 1949 von marxistisch-leninistischem Staatsdenken beherrscht. Dies zeigt sich insbesondere im Prinzip des „demokratischen Zentralismus". Ihm entspricht die Ablehnung der Gewaltentrennung und die Tendenz zur Ausbildung eines unitarischen Staates. Ihm entspricht auch das Rätesystem; nach diesem konzentriert sich von Verfassungs wegen die oberste Kompetenz bei einer Versammlung von Volksdeputierten. Deren Organsouveränität kommt in den allseitigen und umfassenden Befugnissen zur Wahl, Bestellung und Kontrolle der anderen Staatsorgane zum Ausdruck. Sie soll nicht durch Gewaltenteilung gehemmt sein; denn dies schwäche die vom Volk gewählte Volksvertretung zugunsten der Bürokratie und eines sich verselbständigenden Richtertums. Der Machtkonzentration diente nicht zuletzt das „Blocksystem", durch das die politische Opposition bei der Wahl der Volksvertretung und der Regierungsbildung gleichgeschaltet wurde (s.u. 3). In diese Epoche des „Aufbaus des Sozialismus" fallen auch: die Etablierung der Planwirtschaft durch einen ersten Fünfjahresplan, eine fortschreitende „Durchdringung der öffentlichen Einrichtungen mit sozialistischem Geist", eine Umgestaltung des Bildungswesens und der Aufbau einer zentralen Forschungsplanung.

Die Regierung der Sowjetunion erklärte am 25. 3. 1954 das Besatzungsregime ihrer Besatzungszone für beendet und sprach der Deutschen Demokratischen Republik formell Souveränität zu.

Die Deutsche Demokratische Republik nahm ihre Hoheitsrechte nicht nur für das Gebiet der ehemaligen Besatzungszone, sondern auch für Ost-Berlin in Anspruch. Indessen widersprach diese Haltung, die auch von der Sowjetunion eingenommen wurde, dem „Vier-Mächte-Status" Berlins, der auf einer völkerrechtlich verbindlichen Vereinbarung der Alliierten vom 12. 9. 1944 i.d.F. vom 26. 7. 1945 beruhte (s.o. I).

3. Herrschaftsstrukturen unter der Verfassung von 1968

Am 6. 4.1968 wurde eine neue Verfassung erlassen, am 7. 10. 1974 wurde sie neu gefaßt. Der Wille, eine „reale“, und zwar sozialistische Demokratie zu verwirklichen, kam schon in der Verfassung vom 7. 10. 1949 und dann verstärkt in der Verfassung vom 6. 4. 1968, vor allem in deren Abschnitt 1 („Grundlagen der sozialistischen Gesellschafts- und Staatsordnung“), zum Ausdruck. Dieser Staatsauffassung entsprach eine erhöhte Pflichtenbindung des einzelnen Bürgers an die Grundsätze der sozialistischen Verfassung. Nur in deren Rahmen waren die Freiheiten der Einzelnen gewährleistet.

Das Blockwahlsystem war nun in der Verfassung (Art. 3 Abs. 2 Satz 1) verankert. Seine Eigenart lag darin, daß schon vor der Wahl unter maßgebendem Einfluß der staatstragenden Partei eine Einheitsliste für alle zur Wahl zugelassenen politischen Parteien – die „Nationale Front“ – aufgestellt wurde, unter denen die Parlamentssitze bereits vor der Wahl aufgeteilt wurden. Der Wähler konnte seine Stimme nur der Einheitsliste insgesamt geben oder den Stimmzettel ungültig machen. Einer Opposition, die in einen wirksamen öffentlichen Wettbewerb mit der Regierungspartei treten konnte, war vorgebeugt. Der Führungsanspruch der marxistisch-leninistischen Partei bei der Organisierung des Volkswillens war durch die Verfassung mit den Worten gesichert: Die Deutsche Demokratische Republik sei „die politische Organisation der Werktätigen in Stadt und Land unter Führung der Arbeiterklasse und ihrer marxistisch-leninistischen Partei“ (Art. 1 Abs. 1 Satz 2 DDR-Verfassung 1974). Dieses System ließ die demokratische „Rückkoppelung“ nicht in Funktion treten; denn diese wird nur dadurch wirksam, daß dem Volk am Wahltag eine Alternative angeboten wird, die bisherige Regierung und ihr Programm zu bestätigen oder sie durch eine andere Regierung und deren Programm zu ersetzen.

4. Insbesondere die Länder

Die Verfassung von 1949 bestimmte zwar: „Deutschland ist eine unteilbare demokratische Republik; sie baut sich auf den deutschen Ländern auf". Doch lag der Schwerpunkt der Gesetzgebungs- und Verwaltungskompetenzen eindeutig bei den Zentralorganen. Zwar war zur Vertretung der Länder eine „Länderkammer vorgesehen; doch konnte diese nur einen aufschiebenden Einspruch gegen Volkskammerbeschlüsse erheben.

Das Gesetz vom 23. 7. 1952 hob die Landesregierungen und die Landtage auf. Die Gebiete der Länder wurden in 14 Bezirke und diese in Land- und Stadtkreise aufgeteilt. Die Länderkammer wurde durch Gesetz vom 8. 12. 1958 aufgelöst. Diese Entwicklung lag im Zuge des schon genannten demokratischen Zentralismus. Ihm gemäß sollen alle wichtigen Fragen des staatlichen und gesellschaftlichen Lebens unter Auswertung örtlicher Erfahrungen zentral entschieden werden.

5. Der Neuaufbau einer pluralistischen Demokratie

Die Umgestaltung zu einer pluralistischen Demokratie wurde durch das Gesetz vom 1. 12. 1989 eingeleitet, das den letzten Halbsatz von Art. 1 Abs. 1 Satz 2 der DDR-Verfassung von 1974 und damit die führende Rolle der marxistisch-leninistischen Partei aufhob.

Um die demokratische „Rückkoppelung" der Repräsentanten an den Volkswillen wirksam zu machen, mußte ein Mehrparteiensystem geschaffen werden, das dem Volk am Wahltag relevante Alternativen anbot, die auf die Regierungsbildung und Regierungspolitik „durchschlagen" konnten. Den Weg dazu eröffnete das Wahlgesetz vom 20. 2. 1990.

Durch Gesetz vom 5. 4. 1990 wurde die Präambel der Verfassung aufgehoben und damit das Verfassungsziel aufgegeben, eine sozialistische Gesellschaft aufzubauen.

Das Gesetz vom 22. 6. 1990 gestaltete die Deutsche Demokratische Republik zu einem Bundesstaat, schuf die Länder Mecklenburg-Vorpommern, Brandenburg, Sachsen-Anhalt, Sachsen und Thüringen und stattete auch Berlin mit den Kompetenzen eines Landes aus.

Literaturnachweise in: R. Mußgnug, G. Brunner, O. Luchterhandt, M. Kilian, in: Handbuch des Staatsrechts, §§ 6, 10, 185 und 186; *Willoweit,* §§ 41, 42, 45.

V. Die Frage nach dem Fortbestand des Deutschen Reichs

1. Die Rechtslage nach dem Kriegsende

Kelsen und andere vertraten nach dem Ende des Zweiten Weltkrieges die Ansicht, der 1866/67 gegründete und 1871 zum „Deutschen Reich“ erweiterte Staat (so. §§ 23 IV, 24 I 1) sei im Jahre 1945 als Rechtsperson untergegangen. Die alliierten Siegermächte hätten je auf dem von ihnen besetzten Gebiet ihre eigene – also nichtdeutsche – Staatsgewalt ausgeübt. Von diesen Voraussetzungen aus wären dann mit Ermächtigung der Besatzungsmächte neue deutsche Staaten errichtet worden – zunächst deutsche Länder und später in den drei westlichen Zonen die Bundesrepublik, in der Ostzone die Deutsche Demokratische Republik.

Andere vertraten die Ansicht, die Kapitulation habe – als Niederlegung der Waffen – nur eine militärische Bedeutung gehabt. Ihr sei aber keine Annexion des Deutschen Reiches gefolgt, weshalb nach allgemeinen völkerrechtlichen Grundsätzen der deutsche Staat nicht untergegangen sei. Dieser sei durch den Wegfall seiner Organe nur handlungsunfähig geworden. Anstelle der fehlenden deutschen Organe hätten die Alliierten die deutsche Staatsgewalt auf deutschem Boden ausgeübt. Mit der Errichtung der Bundesrepublik Deutschland sei für einen Teil Deutschlands auch die Handlungsfähigkeit des deutschen Staates wiedergewonnen, also dieser Teil Deutschlands neu organisiert worden. Dieser Ansicht hat sich das Bundesverfassungsgericht angeschlossen (BVerfGE 36, 16).

Aus den unterschiedlichen Lehren vom Fortbestand des Deutschen Reiches ergaben sich unterschiedliche Konsequenzen für die Nachfolge in das Vermögen und in die Schulden des Deutschen Reiches und für die Rechtsstellung der ehemaligen Reichsbeamten.

2. Die Rechtslage nach dem Entstehen der neuen Republiken

a) Nach Errichtung der Bundesrepublik wurden hier verschiedene Ansichten vertreten. Die einen meinten, die Bundesrepublik sei – freilich nur für ein Staatsgebiet, das auf das Bundesgebiet geschrumpft sei – mit dem „Deutschen Reich" identisch. Andere nahmen sogar an, die Bundesrepublik sei mit dem Deutschen Reich in dessen Grenzen vom 31. 12. 1937 identisch. Weil sie aber nur innerhalb des Bundesgebietes Staatsgewalt ausüben konnte, unterschied man zwischen dem Geltungsbereich des Grundgesetzes und einem darüber hinausreichenden Deutschland als Ganzem; aus der Identität mit ihm leitete man den Anspruch her, es zu vertreten. Die Plausibilität dieser zweiten Theorie schwand angesichts der Tatsache, daß auch die Deutsche Demokratische Republik von anderen Staaten völkerrechtlich anerkannt wurde. Und was sollte man antworten, wenn auch die Deutsche Demokratische Republik behauptete, mit dem Deutschen Reich identisch zu sein?

Der effektiven Herausbildung zweier Staaten trug die deutsche Bundesregierung in der Erklärung vom 28. 10. 1969 Rechnung, in der sie von „zwei Staaten in Deutschland" sprach, die „füreinander nicht Ausland" seien. Dem lag die Vorstellung zugrunde, die Bundesrepublik und die Deutsche Demokratische Republik bestünden als Teilordnungen unter dem „Dach" eines weiter existierenden, wenn auch als Ganzes handlungsunfähigen Deutschen Reichs. Mit diesem sollte also die Bundesrepublik innerhalb ihrer räumlichen Grenzen nur „teilidentisch" sein, „so daß insoweit die Identität keine Ausschließlichkeit beanspruchte" (BVerfGE 36, 16).

b) In der Deutschen Demokratischen Republik hatte zunächst Art. 1 Abs. 1 der Verfassung von 1949 erklärt: „Deutschland ist eine unteilbare demokratische Republik ...". Angesichts der faktischen Unmöglichkeit, ganz Deutschland unter das Regime dieser Verfassung zu bringen, setzte sich dann jedoch die Auffassung durch, daß die einheitliche deutsche Nation – abgesehen von West-Berlin – in zwei Staaten gespalten sei. So sagte Art. 1 Abs. 1 Satz 1 der Verfassung von 1968: „Die Deutsche Demokratische Republik ist ein sozialistischer Staat deutscher Nation." Später wurde dann auch die Vorstellung einer einheitlichen deutschen Nation aufgegeben, was durch die Neufassung der genannten Bestimmung zum Ausdruck kam.

c) Im Grundvertrag vom 21. 12. 1972 wurden die Konsequenzen aus der Entstehung zweier deutscher Staaten gezogen. Diese verpflichteten sich, Beziehungen auf der Grundlage der Gleichberechtigung zu entwickeln. Sie gingen davon aus, daß keiner der beiden Staaten den anderen international vertreten oder in seinem Namen handeln könne (Art. 4), daß die Hoheitsgewalt jedes der beiden Staaten sich auf dessen Staatsgebiet beschränke und jeder die Unabhängigkeit und Selbständigkeit des anderen Staates in seinen inneren und äußeren Angelegenheiten respektiere (Art. 6). Auf dieser Basis nahmen die drei westlichen Alliierten am 9. 2. 1973 diplomatische Beziehungen zur Deutschen Demokratischen Republik auf. Am 18. 9. 1973 wurden beide deutsche Staaten als Mitglieder in die Vereinten Nationen aufgenommen.

3. Die Rechtslage Berlins

a) In Vollzug des Londoner Abkommens vom 12. 9. 1944 (s. o. I) wurde das Gebiet Groß-Berlins in vier Besatzungsgebiete (Sektoren) aufgeteilt. Von den zwanzig Verwaltungsbezirken der Stadt unterstanden zwölf den westlichen Alliierten (Westsektoren), acht der sowjetischen Besatzungsmacht (Ostsektor). Gemeinsames Organ der vier Besatzungsmächte für Gesamt-Berlin war die Interalliierte Kommandantur, deren Entscheidungen einstimmig ergehen mußten. Diese erließ am 13. 8. 1946 eine „Vorläufige Verfassung von Groß-Berlin".

Die Stadtverordnetenversammlung hatte bis zum 1.5. 1948 der Interalliierten Kommandantur den Entwurf einer neuen endgültigen Verfassung für Groß-Berlin vorzulegen. Dieser lehnte sich im wesentlichen an das Vorbild der westdeutschen Landesverfassungen an und fand weder die Zustimmung der SED-Fraktion in der Stadtverordnetenversammlung noch die des sowjetischen Vertreters in der Interalliierten Kommandantur. Die Stadtverordnetenversammlung setzte gleichwohl – gegen den Einspruch der SED und der sowjetischen Besatzungsmacht – auf den 5. 12. 1948 Neuwahlen in ganz Berlin an. Daraufhin wählte im Ostsektor eine „provisorische Stadtverordnetenversammlung“ der Ostsektorenparteien am 30. 11. 1948 einen eigenen Magistrat mit einem Oberbürgermeister. In den Westsektoren wurde – ohne Beteiligung der SED – die neue Stadtverordnetenversammlung gewählt, die ihrerseits einen neuen Magistrat mit einem Oberbürgermeister bestellte. In der folgenden Zeit bildeten die Westsektoren und der Ostsektor Berlins zwei getrennte politische und administrative Einheiten.

b) Aus der Sicht der Bundesrepublik erschien nach Art. 23 GG (alter Fassung) Berlin als ein Land der Bundesrepublik (BVerfGE 7, 7). Im Einklang damit erklärte Art. 1 der (West-) Berliner Verfassung vom 1. 9. 1950: „Berlin ist ein Land der Bundesrepublik Deutschland“ und: „Grundgesetz und Gesetze der Bundesrepublik Deutschland sind für Berlin bindend“. Beschränkungen staatlicher Handlungfähigkeit ergaben sich aber aus dem besatzungsrechtlichen Sonderstatus der Stadt. Dieser kam in den Genehmigungsschreiben der westlichen Militärgouverneure zum Grundgesetz (vom 12. 5. 1949, Nr. 4) und zur Berliner Verfassung (vom 29. 8. 1950, Nr. 2c) zum Ausdruck. Hiernach durfte Berlin keine Stimmberechtigung im Bundestag oder Bundesrat eingeräumt werden. Es selbst durfte nicht vom Bund regiert („governed“) werden, soweit nicht die „drei Mächte“ Ausnahmen zuließen. Demgemäß durfte ein Bundesgesetz in Berlin erst angewendet werden, nachdem das Abgeordnetenhaus es als Berliner Gesetz verabschiedet hatte. Jedoch durften, kraft besonderer Ausnahme von dem allgemeinen Vorbehalt, Berliner Gerichtsurteile durch Oberste Bundesgerichte überprüft werden (vgl. BVerfGE 7, 14ff.; 19, 384ff.). – Nicht ausgeschlossen war auch eine Präsenz von Bundesorganen, wie des Bundesverwaltungsgerichts, in Berlin. Den besatzungsrechtlichen Beschränkungen trugen Art. 144 Abs. 2 GG (die „lex Berlin“) und Art. 87 der Berliner Verfassung Rechnung; dieser suspendierte die Geltung des erwähnten Art. 1, solange die Anwendung des Grundgesetzes in Berlin Beschränkungen unterlag.

Aus Sicht der Deutschen Demokratischen Republik und der Sowjetunion bot sich die Rechtsstellung West-Berlins wie folgt dar: „Groß-Berlin“ insgesamt sei durch die Abkommen vom

12. 9. 1944 und 26. 7. 1945 im Bereich der sowjetischen Besatzungszone ohne Herauslösung aus dieser ein „besonderes Gebiet“ geworden, das unter Viermächtekontrolle gestellt worden sei und hierdurch einen „Sonderstatus“ erhalten habe. West-Berlin sei aber kein Teil der Bundesrepublik geworden, sondern von dies er völlig getrennt geblieben.

Durch das Viermächte-Abkommen vom 3. 9. 1971 wurde aber zugestanden, daß die Bundesrepublik die konsularische Betreuung für Einwohner West-Berlins ausüben und die Interessen West-Berlins in internationalen Organisationen und auf internationalen Konferenzen vertreten könne, daß ferner völkerrechtliche Verträge, welche die Bundesrepublik schließe, auf West-Berlin ausgedehnt werden könnten, falls die Ausdehnung solcher Vereinbarungen jeweils ausdrücklich erwähnt werde (Abschn. II D und Anlage IV).

c) Ost-Berlin hatte unmittelbar nach 1945 zunächst eine gleiche Rechtsstellung wie West-Berlin. Später betonte die Deutsche Demokratische Republik mit Unterstützung der Sowjetunion dann zwar den Sonderstatus West-Berlins im Verhältnis zur Bundesrepublik (Art. 7 des Moskauer Vertrages vom 7. 10. 1975), bezog aber Ost-Berlin in ihren eigenen Staat ein. So erklärte schon die DDR-Verfassung von 1949 (Art. 2 Abs. 2) und dann wieder die DDR-Verfassung von 1968 (Art. 1 Abs. 2) Berlin zur Hauptstadt der Deutschen Demokratischen Republik, deren oberste Staatsorgane ihren Sitz in Ost-Berlin nahmen. Seit 1976 galten DDR-Gesetze unmittelbar auch für Ost-Berlin. Die Sowjetunion verzichtete zwar nicht auf ihre Besatzungsvorbehalte gegenüber Ost-Berlin und behielt sich die Funktionen vor, die ihr aus den Viermächte-Abkommen erwuchsen. Doch behandelte sie Ost-Berlin als Staatsgebiet der Deutschen Demokratischen Republik. Demgegenüber betonten die drei westlichen Alliierten den staatsrechtlichen Sonderstatus ganz Berlins, der sich aus der gemeinsamen Besatzungshoheit der Siegermächte über Berlin ergebe.

Literaturnachweise in: R. Bartlsperger, Die Rechtslage Deutschlands, 1990; *R. Bernhardt, R. Scholz, G. Ress, H. Dolzer,* in: Handbuch des Staatsrechts, §§ 8, 9, 11 und 12.

§ 28. Die Wiederherstellung staatlicher Einheit und Souveränität

I. Der Weg zur staatlichen Einheit

1. Die verfassungsrechtliche Ausgangslage

Nach der Präambel des Grundgesetzes galt in der Bundesrepublik die Staatszielbestimmung, „in freier Selbstbestimmung die Einheit und Freiheit Deutschlands zu vollenden". Für die Herstellung der staatlichen Einheit hielt das Grundgesetz zwei Wege offen: Einer von ihnen sollte der Beitritt zur Bundesrepublik sein (Art. 23 Satz 2 GG alter Fassung). Dies war der Weg der Verfassungskontinuität. Er war bereits beim Beitritt des Saarlandes beschritten worden. Daß nicht nur ein Beitritt kleinerer Teile, sondern auch eine Wiedervereinigung offengehalten werden sollte, folgte auch aus dem ursprünglichen Vorspruch zum Grundgesetz: Man habe, so hieß es dort, auch für jene Deutschen gehandelt, denen mitzuwirken versagt war. Folgerichtig bestimmte dann Art. 23 GG, das Grundgesetz gelte „zunächst" im Gebiet der dort aufgezählten Bundesländer der ersten Stunde, und hielt – in weiter Fassung – den „anderen Teilen Deutschlands" den Beitritt offen. Dieser mußte vom beitretenden Teil erklärt werden.

Der andere mögliche Weg war die Schaffung einer neuen Verfassung für den gemeinsamen deutschen Staat. Diese sollte durch einen neuen Akt der verfassunggebenden Gewalt – nunmehr des gesamten „deutschen Volkes" – erlassen werden (Art. 146 GG alter Fassung). Hier war also als eine der historischen und rechtlichen Alternativen die nur provisorische Geltung des Grundgesetzes und ein verfassungsrechtlicher Neubeginn vorbehalten.

2. Die Vorbereitung des Beitrittes

Die historischen Voraussetzungen für eine Herstellung der Einheit Deutschlands wurden in der Deutschen Demokratischen Republik geschaffen. Es begann im Herbst 1989 mit einer gesetzwidrigen Flucht zahlreicher DDR-Bürger in die Bundesrepublik, zuerst über Ungarn, das seine Grenzen zu Österreich öffnete, später – als die Grenzkontrollen der Deutschen Demokratischen Republik erlahmten – auch unmittelbar über die deutsch-deutsche Grenze. Hinzu kamen Aufstände in verschiedenen Städten, insbesondere in Leipzig und Dresden. Soweit durch und im Gefolge dieser Ereignisse der überwiegende Teil des Volkes grundlegenden Normen des Staates den Gehorsam verweigerte, verloren diese mit ihrer Effizienz auch ihre Rechtsgeltung. Dieses im Grunde revolutionäre Außerkrafttreten eines Teiles der Verfassung wurde durch ein „Verfassungsgrundsätze-Gesetz" legalisiert, das die Volkskammer am 17. 6. 1990 beschloß (Art. 63 Abs. 2 Satz 2, 106 DDR-Verfassung 1974). Nach diesem Gesetz sollte die Deutsche Demokratische Republik von nun an ein „freiheitlicher, demokratischer, föderativer, sozialer und ökologisch orientierter Rechtsstaat" sein. In diesem Gesetz wurde das Privateigentum an Grund und Boden und an Produktionsmitteln gewährleistet, ferner die Vertragsfreiheit und die Freiheit der Vereinigung in Arbeitgeber- und Arbeitnehmerverbänden. Der Schutz der Umwelt wurde zur Staats- und Bürgerpflicht erhoben. Der Staat wurde ermächtigt, durch Verfassungsgesetz Hoheitsrechte auf zwischenstaatliche Einrichtungen und auf Einrichtungen der Bundesrepublik zu übertragen oder in die Beschränkung von Hoheitsrechten einzuwilligen.

Zur Überwindung der Teilung Deutschlands wurden drei Staatsverträge zwischen der Bundesrepublik und der Deutschen Demokratischen Republik abgeschlossen:

Durch den Währungsvertrag vom 18. 5. 1990 wurde eine Währungs-, Wirtschafts- und Sozialunion zwischen beiden Staaten errichtet: Diese bildeten ein einheitliches Währungsgebiet mit der Deutschen Mark als gemeinsamer Währung und der Deutschen Bundesbank als der Währungs- und Notenbank. Als Grundlage der Wirtschaftsunion wurde die soziale Marktwirtschaft festgelegt. Deren marktwirtschaftliche Komponenten sollten sein: Privateigentum, Leistungswettbewerb, freie Preisbildung und grundsätzlich volle Freizügigkeit von Kapital, Gütern und Dienstleistungen. Die sozialen Komponenten wurden mit dem Begriff der Sozialunion hervorgehoben: eine soziale Arbeitsrechtsordnung und ein System der sozialen Sicherung, das Leistungsgerechtigkeit und sozialen Ausgleich verwirklichen sollte. Die Vertragsparteien bekannten sich zur freiheitlichen, demokratischen, föderativen, rechtsstaatlichen und sozialen Grundordnung. Sie äußerten den beiderseitigen Wunsch, mit diesem Vertrag einen ersten wichtigen Schritt in Richtung auf Herstellung der staatlichen Einheit gemäß Art. 23 GG zu tun.

Durch den Einigungsvertrag vom 31. 8. 1990 wurde zur Herstellung der staatlichen Einheit Deutschlands vereinbart: „Mit dem Wirksamwerden des Beitritts der Deutschen Demokratischen Republik zur Bundesrepublik Deutschland gemäß Artikel 23 des Grundgesetzes am 3. Oktober 1990 werden die Länder Brandenburg, Mecklenburg-Vorpommern, Sachsen, Sachsen-Anhalt und Thüringen Länder der Bundesrepublik Deutschland ... Die 23 Bezirke von Berlin bilden das Land Berlin“ (Art. 1). Zugleich sollte das Grundgesetz in den genannten Ländern und in dem Teil Berlins, in dem es bisher nicht galt, in Kraft treten, soweit in dem Vertrag nichts anderes bestimmt wurde (Art. 3).

Durch den Wahlvertrag vom 3. 8. 1990 wurde vereinbart, für die erste gesamtdeutsche Wahl den Geltungsbereich des Bundeswahlgesetzes der Bundesrepublik auf das Gebiet der beitretenden Länder zu erstrecken. Das Wahlvertragsgesetz vom 29. 8. 1990 erhöhte die reguläre Zahl der Bundestagssitze auf 656. Die Sperrklausel des Bundestagswahlrechts wurde für die erste gemeinsame Bundestagswahl zugunsten der kleineren Parteien in der ehemaligen DDR, die sich noch in einer „Orientierungsphase“ befanden, modifiziert (§ 53 des Bundeswahlgesetzes i. d. F. v. 19. 10. 1990).

3. Der Beitritt

Nachdem die Volkskammer am 23. 8. 1990 mit verfassungsändernder Mehrheit (Art. 63 Abs. 2 Satz 2, 106 DDR-Verfassung

1974) den Beitritt zur Bundesrepublik beschlossen hatte und der Beitritt gegenüber der Bundesrepublik erklärt worden war, wurde das Grundgesetz in dem beitretenden Teil in Kraft gesetzt (Art. 1 Abs. 1 und Art. 3 des Einigungsvertrages). Die Frage, ob ein Beschluß über die staatliche Existenz grundsätzlich innerhalb der Kompetenz der Volkskammer zu Verfassungsänderungen lag, kann angesichts der Effektivität des vollzogenen Beitritts dahingestellt bleiben. Materiell war die Volkskammer zu einer so weitreichenden Entscheidung demokratisch legitimiert; denn die Parteien, welche die Mehrheit in der Volkskammer stellten, hatten in der vorangegangenen Volkskammerwahl den Beitritt so eindeutig in ihr politisches Programm aufgenommen, daß ihre Wahl als Auftrag zur Herbeiführung des Beitritts verstanden werden konnte.

Durch den Einigungsvertrag wurde nicht nur die Geltung des Grundgesetzes, sondern grundsätzlich auch das sonstige Bundesrecht und das Recht der Europäischen Gemeinschaften auf das Gebiet der ehemaligen Deutschen Demokratischen Republik erstreckt. Auch wurde Näheres bestimmt über die Fortgeltung völkerrechtlicher Verträge und von Mitgliedschaften in internationalen Organisationen, denen bisher einerseits die Bundesrepublik und andererseits die Deutsche Demokratische Republik als Vertragspartner angehörten.

Durch Neufassung der Präambel des Grundgesetzes und die Aufhebung seines Art. 23 wurde zum Ausdruck gebracht, daß das Ziel erreicht sei, „die Einheit und Freiheit Deutschlands zu vollenden", und daß es keine weiteren „Teile Deutschlands" gebe, deren Beitritt ein Ziel deutscher Politik sein könne.

Literaturnachweise in: K. Stern/B. Schmidt-Bleibtreu, Verträge und Rechtsakte zur deutschen Einheit, I und III 990; *Kröger II,* § 11; *W. Fiedler, Th. Würtenberger, R. Badura, R. Lerche, M. Heckel,* in: Handbuch des Staatsrechts, §§ 184, 187, 189, 194, 197; *Willoweit,* § 46.

II. Die Wiedergewinnung der staatlichen Souveränität

Auch nach Inkrafttreten des Deutschland-Vertrages blieb die Staatsgewalt der Bundesrepublik durch alliierte Vorbehaltsrechte beschränkt (s.o. § 27 III). Entsprechendes galt im Verhältnis der Deutschen Demokratischen Republik zur Sowjetunion nach deren Erklärung vom 25. 3. 1954 (s.o. § 27 IV 2).

Die verbliebenen Einschränkungen der Souveränität wurden im Zusammenhang mit der Wiederherstellung der staatlichen Einheit Deutschlands aufgehoben. Grundlage dafür bildete der „Vertrag über die abschließende Regelung in bezug auf Deutschland" (Zwei-plus-Vier-Vertrag) vom 12. 9. 1990, den die vier Siegermächte des Zweiten Weltkrieges („Vier") mit der Bundesrepublik Deutschland und der Deutschen Demokratischen Republik („Zwei") schlossen. Man hatte sich darauf geeinigt, daß 45 Jahre nach dem Ende des Zweiten Weltkrieges kein als „Friedensvertrag" bezeichnetes Abkommen geschlossen werden solle. An dessen Stelle sollte eine völkerrechtliche Verständigung über die äußeren Aspekte der Herstellung der deutschen Einheit treten. Mit Hinterlegung der letzten Ratifikationsurkunde am 15. 3. 1991 ist dieser Vertrag in Kraft getreten (Art. 9).

In ihm wurde festgelegt, daß das vereinte Deutschland die Gebiete der Bundesrepublik Deutschland, der Deutschen Demokratischen Republik und ganz Berlins umfassen werde. Von deutscher Seite wurde zugesichert, daß die Außengrenzen dieser Gebiete endgültig seien und das vereinte Deutschland keine Gebietsansprüche gegen andere Staaten habe und auch in Zukunft nicht erheben werde (Art. 1); auch wurden Höchstgrenzen der deutschen Streitkräfte festgelegt und der Verzicht auf deutsche ABC-Waffen bekräftigt (Art. 3).

Andererseits legten die Siegermächte ihre Rechte und Verantwortlichkeiten für Berlin und Deutschland als Ganzes nieder (Art. 7); schon vor Inkrafttreten des Vertrages wurden diese Rechte durch gemeinsame Erklärung der vier Regierungen vom 1. 10. 1990 ausgesetzt. Deutschland wurde nun auch das uneingeschränkte Recht zugestanden, nach seiner Entscheidung Bündnissen anzugehören (Art. 6).

Seit Inkrafttreten dieses Vertrages gilt der völkerrechtliche Grundsatz der Nichteinmischung anderer Staaten in die inneren Angelegenheiten uneingeschränkt zugunsten Deutschlands – ein Grundsatz, in dem sich zugleich die souveräne Gleichheit aller Mitglieder der Vereinten Nationen ausprägt (Art. 2 Nr. 2 der UN-Satzung). Dieser Grundsatz wird nicht berührt durch Selbstbindungen, die Deutschland in freier, autonomer Entscheidung übernommen hat oder noch übernimmt, auch wenn sie Einbrüche in die äußere Souveränität mit sich bringen, wie dies im Zusammenhang mit der fortschreitenden internationalen Verflechtung, insbesondere der Staaten Europas, der Fall ist.

Literaturnachweise in: K. Stern/B. Schmidt-Bleibtreu, Verträge und Rechtsakte zur deutschen Einheit, III 1991; *D. Rauschning, M. Schweitzer,* in: Handbuch des Staatsrechts, §§ 188, 190.

§ 29. Grundlinien der gegenwärtigen Verfassungsordnung

I. Bundesstaatlichkeit

Der föderative Aufbau der Bundesrepublik reicht weit in die deutsche Verfassungstradition zurück: über die Weimarer Republik (s.o. § 25 II 1) hinaus in das Zweite Kaiserreich (s.o. § 24 I 2), den Deutschen Bund (s.o. § 21) und das aus Volksstämmen hervorgegangene Gefüge des Heiligen Römischen Reiches Deutscher Nation (s.o. §§ 6, 14 I).

Die bundesstaatliche Struktur entspricht der Forderung, politische Einheiten in Teilsysteme zu gliedern und den nachgeordneten Einheiten ein Höchstmaß an Kompetenzen zur Regelung ihrer eigenen Angelegenheiten einzuräumen. Die föderative Gestaltung des westdeutschen Staates und die Stärkung der Selbstverwaltung entsprachen einem nachdrücklichen Wunsch der Westmächte (s.o. § 27 III). Auf diese Weise sollte die Staatsgewalt durch föderative Gewaltenteilung gemäßigt und die Demokratie ein viele Lebensbereiche durchformendes politisches Prinzip werden. So wurde das Verfassungsmodell des Grundgesetzes das einer „gegliederten" Demokratie (Art. 20 Abs. 1, 28 Abs. 2, 106 Abs. 5–8 GG; BVerfGE 79, 148ff.; 83, 54).

Der Gedanke demokratischer Dezentralisation trifft sich mit dem altüberkommenen Subsidiaritätsprinzip, nach dem die höhere organisatorische Einheit nur Aufgaben an sich ziehen soll, welche die nachgeordnete Einheit nicht ebensogut oder besser erledigen kann. Auf diese Weise soll dem staatlichen Handeln ein menschliches Maß gegeben werden und sollen politische und administrative Teilsysteme bestehen, an deren Lebensweise und Wirksamkeit die Einzelnen einen größeren Anteil haben können als am politischen Gesamtsystem.

Da man sich in überschaubaren, womöglich durch eine kulturelle Tradition verbundenen Lebensbereichen stärker heimisch und zusammengehörig fühlt als in bürgerfernen, beheimatet auch das politische Gesamtsystem seine Bürger um so stärker, je mehr es das Eigenleben der kleineren politischen Einheiten kultiviert.

Die föderative Gliederung des Bundes stärkt nicht nur die Chance, in den Ländern ethnische und kulturelle Eigenarten zu pflegen und zu erhalten. Sie dient auch der strukturellen Vielfalt der politischen Kräfte. So kann eine Partei, die im Bund die Opposition bildet, in einem Land regierende Kraft sein und staatliche Verantwortung tragen und wird so in einer für sie annehmbaren Weise in die demokratische Gesamtordnung eingebaut.

Die bundesstaatliche Aufteilung der Kompetenzen zwischen den Zentralorganen des Gesamtstaates und den Gliedstaaten ist nicht zuletzt Instrument einer föderativen Gewaltenbalance. In ihr finden die Zentralinstanzen eine Gegenkraft in den Ländern, und sie können und sollen ihrerseits ein Gegengewicht gegen eine parteipolitische Verkrustung einzelner Länder bilden.

Die Schwerpunkte der Kompetenzenverteilung zwischen Bund und Ländern waren im Bereich der Gesetzgebung (Art. 70ff., 105 GG) anders zu setzen als in der Verwaltung (Art. 83ff., 108 GG): In der Gesetzgebung spricht das Bedürfnis nach Rechtseinheit für stärkere Zentralisierung. In der Verwaltung sind konkrete Sachverhalte zu regeln; diese kann eine dezentralisierte Verwaltung sachgerechter und lebensnäher beurteilen, als eine zentralisierte es könnte. Diesen Erwägungen entspricht die verfassungsrechtliche Kompetenzenverteilung zwischen Bund und Ländern und die hieran anknüpfende Verfassungspraxis: einerseits die entschiedene Wahrung der weitgespannten Verwaltungskompetenzen der Länder, andererseits die Ausschöpfung der konkurrierenden Gesetzgebungskompetenzen und der Rahmengesetzgebung durch den Bund. Was den Ländern hierdurch an eigenen Gesetzgebungszuständigkeiten entging, wurde zum Teil durch Mitwirkungsrechte des Bundesrates wettgemacht.

Innerhalb der Länder selbst wirkte sich allerdings diese Kompetenzenverteilung zu Lasten der Landesparlamente und zugunsten der Landesregierungen aus. Selbst dort, wo den Ländern die Gesetzgebungskompetenz blieb, pflegen – im Interesse der Rechtseinheit – für wichtige Gesetzgebungsvorhaben gemeinsame Musterentwürfe der Länder erstellt zu werden; da diese Vorarbeit in der Hand der Fachministerien liegt, wird auch hierdurch der Spielraum der Länderparlamente – zwar nicht rechtlich, aber doch tatsächlich – eingeengt. So hat man nicht zu Unrecht von einer Entwicklung zu einem administrativen Föderalismus gesprochen.

Literaturnachweise in: K. Stern, Das Staatsrecht der Bundesrepublik, Bd. I, 2. Aufl. 1984, § 19.

II. Demokratie

1. Grundsätzliches

Nach Art. 20 Abs. 2 Satz 1 GG geht alle Staatsgewalt vom Volke aus. In welcher Weise sie vom Volke ausgeht, sagt Art. 20 Abs. 2 Satz 2 GG: durch Wahlen und Abstimmungen. Das bedeutet auf Bundesebene: durch die im Grundgesetz selbst vorgesehenen Wahlen und Abstimmungen. Im übrigen wird sie durch Repräsentativorgane, nämlich „durch besondere Organe der Gesetzgebung, der vollziehenden Gewalt und der Rechtsprechung“, ausgeübt. Diese bedürfen demokratischer Legitimation; das gilt nicht nur für die Verfassungsorgane; auch die übrigen Staatsorgane müssen ihr Amt entweder durch demokratische Wahl erhalten oder es unmittelbar oder mittelbar auf solche Staatsorgane zurückführen, die ihrerseits durch demokratische Wahl berufen wurden (BVerfGE 47, 275; 77, 40f.).

Das Demokratieprinzip ist also in der Gestalt zu verwirklichen, die sich aus der verfassungsrechtlichen Verteilung der Kompetenzen zwischen dem Volk und den Repräsentativorganen ergibt. Nach den wenig ermutigenden Erfahrungen der Weimarer Zeit (s.o. § 25 II 2 a), besonders aber nach den Erfahrungen, die man unter dem Nationalsozialismus mit der demagogischen Lenkbarkeit des Volkswillens sammeln konnte, haben sich die Väter des Grundgesetzes dafür entschieden, auf Bundesebene die Staatsform der repräsentativen Demokratie in höherem Maße als in der Weimarer Republik zu verwirklichen. Solange dem Volk aber an den Wahltagen die Alternative angeboten wird, die bisherige Regierung und ihr politisches Programm zu billigen oder durch eine andere Regierung und ein anderes Programm zu ersetzen, verbleibt ihm eine wesentliche Steuerung des politischen Geschehens: Durch die gebotene Rücksicht auf die kommenden Wahlen bleiben Regierung und Parlament auch zwischen den Wahlterminen an die Zustimmung des überwiegenden Teiles des Volkes „rückgekoppelt". Durch die Periodizität der Wahlen schieben sich aber „Abkühlungs- und Bedenkzeiten" zwischen die Tagesereignisse und die staatsrechtlich erheblichen Handlungen des Volkes; auf diese Weise wird Abstand zu emotionalisierten Tagesstimmungen gewonnen, insbesondere der manipulative Einfluß der Massenkommunikationsmittel und damit auch die Gefahr einer „Telekratie" gedämpft.

Auf Länderebene und in den kommunalen Gebietskörperschaften eröffnet Art. 28 Abs. 1 GG Möglichkeiten, – nach Maßgabe des Landesrechts – in weitem Umfang, insbesondere durch Volksbegehren und Volksentscheide, unmittelbare Demokratie zu verwirklichen; doch wurde hiervon nur wenig Gebrauch gemacht.

Die Vorformung des politischen Willens des Volkes – ob er sich nun in Gestalt unmittelbarer oder repräsentativer Demokratie äußert – geschieht durch die öffentliche Meinung. Diese soll sich, getragen von einer freien Auseinandersetzung zwischen den sich begegnenden sozialen Kräften, Interessen und Ideen, klären und wandeln (BVerfGE 69, 344ff.). Daher müssen auch vom Staate unabhängige Massenmedien bestehen, die grundsätzlich alle die Öffentlichkeit interessierenden Vorgänge bekanntmachen und der öffentlichen Erörterung unterbreiten sollen. Es ist also eine Grundforderung der freiheitlichen Demokratie, die Massenmedien „staatsfrei“ zu gestalten und sie – angesichts der engen Verflechtung der politischen Parteien mit der Staatsgewalt – auch von parteipolitischer Gängelung frei zu halten.

2. Oberste Repräsentativorgane

Das System der Repräsentativorgane wurde – mit einigen Korrekturen – ähnlich wie in der Weimarer Republik ausgestaltet (s.o. § 25 II 2).

a) Der vom Volk gewählte Bundestag ist gesetzgebende Körperschaft (Art. 76 Abs. 1, 77 Abs. 1, 79 Abs. 2 GG), parlamentarisches Kontrollorgan (Art. 43ff., 67 GG) und wichtiges Kreationsorgan (Art. 54 Abs. 3, 63, 94 Abs. 1 Satz 2 GG), das insbesondere den Bundeskanzler wählt; nicht zuletzt hat er den Haushaltsplan des Bundes festzustellen (Art. 110 Abs. 2 GG) und damit die „goldenen Zügel“ in der Hand.

Nach dem Dilemma, in das die Weimarer Republik durch das Verhältniswahlrecht geraten war (s.o. § 25 III), hat man sich – im Rahmen der vom Grundgesetz offengelassenen Gestaltungsmöglichkeiten (Art. 38 Abs. 3 GG) – bisher gleichwohl nicht für ein eindeutiges Mehrheitswahlrecht entschieden, sondern dafür, die Parlamentssitze nach Verhältniswahlrecht aufzuteilen, einer allzu starken Parteienzersplitterung aber durch Sperrklauseln entgegenzuwirken (Bundeswahlgesetz vom 7. 5. 1956, in mehrfach geänderter Fassung).

b) Der von den Landesregierungen beschickte Bundesrat (Art. 50ff. GG) soll auf Bundesebene die Interessen der Länder zur Geltung bringen, doch sind die Mehrheitsentscheidungen dieses Organs oft stärker an Parteistandpunkten, statt an Länderinteressen ausgerichtet. Der Bundesrat hat das Recht zur Gesetzesinitiative (Art. 76 Abs. 1 GG); am Beschluß von Verfassungsänderungen und von Gesetzen, die das Bund-Länder-Verhältnis berühren, nimmt er als echte Zweite Kammer, sonst mit einem Einspruchsrecht teil (Art. 77, 78, 79 Abs. 2 GG).

Wichtige Kompetenzen stehen ihm auch im Bereich der Exekutive (Art. 84 Abs. 2 und 4, 85 Abs. 2, 87 Abs. 3, 108 Abs. 7, ferner Art. 35 Abs. 3, 37 Abs. 1, 91 Abs. 2 und Art. 114 GG) und als Kreationsorgan (Art. 94 GG) zu.

c) Der Bundespräsident wird von der Bundesversammlung gewählt, hat also nicht mehr die starke demokratische Legitimation wie der einstige Reichspräsident. Er hat die Bundesrepublik völkerrechtlich zu vertreten, Staatsverträge zu ratifizieren und die Gesetze auszufertigen und zu verkünden (Art. 54 ff., 82 GG). Für den Fall, daß der parlamentarische Prozeß in eine Krise gerät, steht er als politische Reservegewalt zur Verfügung (Art. 63 Abs. 4 Satz 3, 68 Abs. 1 Satz 1, 81 Abs. 1 GG) – freilich mit geringerer Kompetenzausstattung als der einstige Reichspräsident. Das Recht des Bundespräsidenten zur Parlamentsauflösung wurde eng begrenzt (Art. 63 Abs. 4,68 Abs. 1 GG): Es sollte nicht mehr, wie einst dem Reichspräsidenten (Art. 25 WV), als Mittel der Politik dienen können.

d) Die Bundesregierung ist das zentrale politische Leitungsorgan (Art. 62 ff. GG) mit im wesentlichen gleichen Funktionen, wie sie der Weimarer Regierung zukamen (s. o. § 25 II 2 f). Eine Stabilisierung wurde dadurch erstrebt, daß nur noch der Kanzler möglicher Adressat eines Mißtrauensvotums ist und dieses mit der Wahl eines Nachfolgers verbunden sein muß. Im Verhältnis zwischen dem Staatspräsidenten und dem Kanzler wurden die Gewichte anders verteilt als unter der Weimarer Verfassung: Einem mit geringeren Kompetenzen ausgestatteten Präsidenten steht jetzt ein Kanzler gegenüber, der nicht mehr vom Vertrauen des Präsidenten, sondern allein vom Vertrauen des Parlaments getragen wird und dem im Verteidigungsfall auch der Oberbefehl über die Streitkräfte zukommt (Art. 115 b GG).

Zur Rechtssetzung kann die Exekutive nur noch in begrenztem Umfang ermächtigt werden (Art. 80 Abs. 1 GG, vgl. auch Art. 129 Abs. 3 GG).

e) Das Bundesverfassungsgericht, dessen Mitglieder je zur Hälfte von Bundestag und Bundesrat gewählt werden (Art. 94 GG), gehört nicht nur nach der Formulierung des Bundesverfassungsgerichtsgesetzes (§ 1 Abs. 1), sondern nach seinem Gewicht im vollen Sinn zu den „Verfassungsorganen" der Bundesrepublik. Die verfassungsgerichtliche Überprüfung staatlicher Akte, einschließlich der Gesetzgebungs- und Rechtsprechungsakte (Art. 93 GG) hat der Verfassung und insbesondere den Grundrechtsgarantien eine Aktualität verschafft, die in der deutschen Verfassungsgeschichte beispiellos ist und allenfalls in der Praxis des Supreme Court der USA ein gewisses Vorbild hat.

3. Parteienstaatlichkeit

In einem freiheitlich-demokratischen Staat erscheinen konkurrierende Interessen- und Meinungsgruppen als normale Bestandteile des politischen Geschehens. Das pluralistische Modell entspricht der Forderung, möglichst vielen so viel Spielraum zur Entfaltung ihrer Persönlichkeit und zur Wahrnehmung ihrer Interessen zu gewähren, wie es mit den gleichberechtigten Entfaltungswünschen und Interessen der Mitbürger verträglich ist. Die weltanschaulichen, politischen und interessengebundenen Gruppierungen erfüllen die unentbehrliche Aufgabe einer klärenden Vorformung der politischen Willensbildung: Im Widerstreit der von ihnen repräsentierten, zum Teil auch gelenkten Auffassungen kristallisieren sich überschaubare Komplexe politischer Alternativen heraus, die dann Gegenstand politischer Entscheidungen sein können. Unter den vielfältigen Gruppierungen, die in der pluralistischen Demokratie Interessen und Meinungen repräsentieren, zeichnen sich die politischen Parteien durch die Besonderheit ihrer Zielsetzung aus: auf Grund von Wahlen unmittelbaren Zugang zu Staatsorganen, insbesondere Parlamentssitze und Regierungsämter, zu gewinnen (§ 2 Abs. 1 des Parteiengesetzes vom 24. 7. 1967, in mehrfach geänderter Fassung). Dieser besonderen Rolle entspricht es, daß das Grundgesetz die Parteien zu Institutionen des Verfassungslebens erhoben und dem Gesetzgeber ihre demokratische Ausgestaltung aufgegeben hat (Art. 21 Abs. 1 GG).

Andererseits sind die Parteien selbst keine Staatsorgane, sondern Organisationsformen gesellschaftlicher Kräfte, denen nicht der Zwang genommen werden soll, sich in einem fortwährenden Wettbewerb um Zustimmung und Unterstützung durch die Bürger zu bemühen; kurz, sie sollen sich als frei konkurrierende, aus eigener Kraft wirkende, vom Staat unabhängige Gruppen durchsetzen. Damit wäre eine umfassende staatliche Finanzierung der Parteien unvereinbar (BVerfGE 20, 101 f.; 85, 287).

Literaturnachweise in: K. Stern, Das Staatsrecht der Bundesrepublik, Bd. I, 2. Aufl. 1984, §§ 13, 18, 22.

III. Rechtsstaatlichkeit

Die rechtsstaatliche Kultur, die sich bereits im 19. Jahrhundert herausgebildet hat (s. o. § 22), wurde, wie schon in der Weimarer Republik, weiterentwickelt. Rechtsstaatlichkeit soll bezwecken, daß die Staatsgewalt kontrolliert, berechenbar und mit rechtlichen Begrenzungen ausgeübt wird. Dem dienen einerseits bestimmte Formprinzipien, nach welchen das staatliche Handeln mit einer ausgewogenen Rollenverteilung und auch sonst nach gesicherten „Spielregeln" abläuft; so vollziehen sich Gesetzgebung, Verwaltung und Rechtsprechung in Gewaltenteilung und in rechtlich geordneten Verfahren. Andererseits hat die Rechtsstaatlichkeit auch inhaltliche Komponenten; solche liegen in den Grundrechtsgarantien, die zudem durch den Sozialstaatsgedanken eine materielle Anreicherung erfahren; sie liegen aber auch im Grundsatz der Verhältnismäßigkeit und im Übermaßverbot, die beide dahin tendieren, Freiheitsentfaltung und Interessenbefriedigung in einer Gemeinschaft zu optimieren.

1. Grundrechte

Nach dem Zusammenbruch des menschenverachtenden Systems des Nationalsozialismus erschien es als vorrangig wichtig, einen der Menschenwürde angemessenen Freiheitsraum durch Menschen- und Bürgerrechte zu sichern. Die Grundrechtsbestimmungen der Länderverfassungen, die bald nach dem Ende des Zweiten Weltkrieges ergingen, lehnten sich zum

Teil eng an die Weimarer Verfassung an. Das Grundgesetz stellte die Grundrechtsgarantien an seinen Anfang und betonte schon damit ihr besonderes Gewicht. Eine Aufwertung erfuhren die Grundrechte aber vor allem durch ihre wachsende Bedeutung in der Verfassungswirklichkeit, insbesondere durch die Rechtsprechung der Verfassungsgerichte. Zugleich trat immer deutlicher auch im Verständnis der Grundrechte die Wandlung des liberalistischen Staates zu einem Sozialstaat zutage: Aus den liberalistisch verstandenen Freiheiten wurden – in Fortführung einer Entwicklung, die schon im Ersten Weltkrieg und in der Weimarer Republik begonnen hatte – sozial gebundene Freiheiten.

Angesichts der Erfahrung, daß die Grundrechte der Weimarer Verfassung weitgehend auf legalem Wege ausgehöhlt worden waren, wurden die Grundrechte auch gegen Zugriffe des Gesetzgebers gesichert (Art. 1 Abs. 3 GG); Grundrechtseinschränkungen wurden diesem nur auf Grund spezieller Vorbehalte und unter zusätzlichen Kautelen, insbesondere der Wesensgehaltsgarantie (Art. 19 Abs. 2 GG), gestattet. Diese schließt ein, daß Grundrechtseinschränkungen nicht unverhältnismäßig sein und nicht über das erforderliche Maß hinausgehen dürfen (vgl. BVerfGE 19, 348f.).

Die Verfassungsentwicklung ging dahin, die Grundrechte zu einer größtmöglichen Entfaltung zu bringen (BVerfGE 6, 72; 51, 110; 81, 292 f.), die Grundrechtsgarantien also weit auszulegen. Da aber in einer Gemeinschaft die Freiheiten der verschiedenen Menschen miteinander konkurrieren, mußte eine weite Auslegung der Grundrechte die Grundrechtskollisionen vermehren. Das führt dazu, daß in weitem Ausmaß immer von neuem situationsgerechte Abgrenzungen der Grundrechte zu finden sind: sei es bei Inanspruchnahme der Gesetzesvorbehalte oder auch dadurch, daß Grenzen aufgezeigt werden, die den Grundrechten innewohnen und sich aus dem Zusammenhang der Verfassungsnormen und insbesondere aus der Wechselbezüglichkeit der verschiedenen Freiheitsrechte – im Wege systematischer Auslegung – ergeben (BVerfGE 28, 261; 30, 193; 55, 300). Auch solche Auslegung hat den Grundsatz der Verhältnismäßigkeit und das Übermaßverbot zu beachten und tendiert auf diese Weise dahin, die Grundrechte – im Wechselspiel der durch sie gewährleisteten Freiheiten – zu größtmöglicher Entfaltung zu bringen. So führt die Konkretisierung der Grundrechte immer wieder auf wertende Abwägungen zwischen konkurrierenden Freiheiten und wird damit zu einer fortwährenden Diskussion über Gerechtigkeit. Die Auslegungsspielräume der Grundrechtsgarantien erscheinen dann als Diskussionsrahmen, innerhalb deren sich Verfassungsrecht entfaltet.

Was die inhaltliche Ausgestaltung der Grundrechte betrifft, so ist zunehmend bewußt geworden, daß Freiheit und Gleichheit eine materielle Komponente haben. Hierauf ist unter dem Aspekt des Sozialstaates noch einzugehen.

2. Die Gesetzesgebundenheit staatlichen Handelns

Neben den Grundrechtsgarantien gehört die Bindung staatlichen Handelns an allgemeine Gesetze zu den zentralen Prinzipien der Rechtsstaatlichkeit. Die Gesetzmäßigkeit staatlichen Handelns dient seiner Voraussehbarkeit und Berechenbarkeit und damit der Rechtssicherheit. Sie verbürgt auch formale Gleichbehandlung. Zudem ist sie eine Bedingung dafür, staatliches Handeln einer verläßlichen Kontrolle durch Gerichte zu unterstellen.

Die Verfassungsentwicklung ging zunächst dahin, das Prinzip der formellen Gesetzmäßigkeit auszubauen: Der Gesetzgeber sollte alle wesentlichen Fragen selbst regeln. Dieser Gedanke trug aber dazu bei, die Gesetzesflut anschwellen zu lassen. Zudem trat er in ein Spannungsverhältnis zum Prinzip der Gewaltenteilung und der darin enthaltenen Forderung, auch den Organen der Exekutive eine der Gewaltenteilung angemessene Kompetenz zu situationsgerechten, eigenverantwortlichen Entscheidungen zu lassen (BVerfGE 49, 124ff.; 68, 86ff.). So stellte sich das Problem, innerhalb der staatlichen Aufgaben sachgerechte Unterscheidungen zu treffen zwischen solchen, für die eine strengere, und solchen, für die eine weniger strenge

Gesetzesgebundenheit angemessen ist. Umstritten war und ist zum Teil hierbei noch die Frage, ob und in welchem Umfang der Vorbehalt des Gesetzes (s.o. § 22 III) nun auch für Leistungsgewährungen gelten soll (vgl. BVerfGE 40, 248f.).

3. Die Gewaltenteilung

Mit den Worten, daß die Staatsgewalt „durch besondere Organe der Gesetzgebung, der vollziehenden Gewalt und der Rechtsprechung ausgeübt" wird, bringt Art. 20 Abs. 2 GG nicht nur das Prinzip der repräsentativen Demokratie, sondern auch das der Gewaltenteilung zum Ausdruck. In der Tat hängt beides zusammen; denn das Vorhandensein verschiedener Repräsentativorgane ist geradezu die technische Bedingung jeder möglichen Teilung und gegenseitigen Kontrolle staatlicher Gewalten. Die nähere Ausgestaltung der Gewaltenteilung ergibt sich in erster Linie aus der vom Grundgesetz selbst vorgenommenen Aufteilung der Kompetenzen. Aus der Verfassung selbst ergeben sich auch Verschränkungen zwischen verschiedenen Gewaltenbereichen, so z.B. einerseits durch die parlamentarische Kontrolle der Regierung (Art. 43f., 67f. GG) und das Budgetrecht des Parlaments (Art. 110 GG), andererseits durch die Kompetenzen der Exekutive zum Erlaß von Rechtsverordnungen (Art. 80 GG).

In dem vom Grundgesetz vorausgesetzten Parteienstaat (Art. 21 GG) ist die reale Gewaltenbalance zwischen Parlament und Regierung aber vor allem dadurch eingeschränkt, daß in beiden die jeweils stärkste Partei oder Koalition eine beherrschende Rolle spielt. Die parlamentarische Kontrolle ist dadurch faktisch weitgehend auf die Opposition übergegangen. Deren Wirkungschance beruht im wesentlichen darauf, daß sie mit ihrer Kritik und ihrem Angebot an Alternativen laufend mit Blick auf die kommenden Wahlen mit der Regierungspartei konkurriert. In einem stark von den Massenmedien mitgesteuerten politischen Prozeß wird damit eine durchaus wirksame Kontrolle des Regierungshandelns ins Werk gesetzt.

Mit der wachsenden Bedeutung des bürokratischen Apparates hat sich auch innerhalb der Exekutive zunehmend eine zwar subtile, aber faktisch wirksame Gewaltenbalance herausgebildet, deren Zäsur unterhalb der Kabinettsebene verläuft. Die Konfrontation zwischen einer – nach dem Plan des Grundgesetzes (Art. 33 Abs. 2 und 5 GG) – parteipolitisch neutralen Bürokratie und der politischen Spitze, der Dialog zwischen dem letztlich entscheidungsberechtigten Minister und seinen Fachbeamten sollte zu einer sachdienlichen Abklärung der Entscheidungen führen. In diesem Sinne hat auch das Bundesverfassungsgericht die Rolle des Berufsbeamtentums definiert: Mit diesem habe das Grundgesetz eine Institution sichern wollen, „die, gegründet auf Sachwissen, fachliche Leistung und loyale Pflichterfüllung ... einen ausgleichenden Faktor gegenüber den das Staatsleben gestaltenden politischen Kräften darstellen soll" (BVerfGE 7, 162; 64, 379). Diese von der Verfassung beabsichtigte Rollentrennung – das Zusammenspiel zwischen einem politisch engagierten Gestaltungswillen und einem parteipolitisch neutralen, sachverständigen Funktionsbereich – wird heute aber durch eine parteibezogene Politisierung vor allem der leitenden Beamten gefährdet.

4. Gerichtliche Kontrolle staatlichen Handelns

In Weiterführung der Ansätze aus dem 19. Jahrhundert (s. o. § 22 III) unterwirft das Grundgesetz staatliches Handeln einer Überprüfung seiner Rechtmäßigkeit durch unabhängige Gerichte. Das gilt allgemein für den Fall, daß jemand durch die „öffentliche Gewalt" (gemeint ist die vollziehende Gewalt: BVerfGE 24,49f.; 65, 90) in seinen Rechten verletzt wird (Art. 19 Abs. 4 GG). Auf ihre Verfassungsmäßigkeit sind darüber hinaus auch Akte der Gesetzgebung und der Rechtsprechung durch das Bundesverfassungsgericht zu prüfen (Art. 93 GG).

Angesichts der weittragenden Bedeutung der Verfassungsrechtsprechung für das gesamte Verfassungsleben ist die Frage nach den Grenzen der Verfassungsgerichtsbarkeit zum Thema geworden: Das Bundesverfassungsgericht soll eine rechtliche, keine politische Kontrolle ausüben; doch läßt sich die Grenze zwischen rechtlichen und politischen Entscheidungen nicht scharf ziehen: Der Verfassungsauslegung bleibt nicht selten ein Spielraum, innerhalb dessen es mehrere vertretbare Auslegungs- und Konkretisierungsmöglichkeiten gibt, d.h. Varianten, von denen keine erweislich unrichtig ist. Die Wahl der einen oder anderen dieser Auslegungsalternativen ist regelmäßig durch wertende Erwägungen mitbestimmt, in denen auch politische Auffassungen und Zielvorstellungen zur Geltung kommen. Hat nun das Gericht etwa ein Gesetz auf seine Verfassungsmäßigkeit zu prüfen, dann kann es im Spielraum vertretbarer Verfassungsauslegungen die vom Gesetzgeber gewählte Interpretation respektieren, mit der das Gesetz vereinbar wäre; es kann aber statt dessen auch unter den möglichen Auslegungen eine andere wählen, mit der das Gesetz nicht vereinbar ist, und dieses für verfassungswidrig erklären. Je nachdem, ob in solchen Fällen das Gericht die Verfassungsauslegung des Gesetzgebers respektiert oder nicht, liegt das Steuer der Verfassungsentwicklung stärker in der Hand des Parlaments oder des Bundesverfassungsgerichts.

In solchen Fällen sprechen gute Gründe für eine weitgehende Selbstbeschränkung des Verfassungsgerichts: Für rechtspolitische Orientierungsprozesse, auch wenn sie sich im Spielraum verfassungsrechtlicher Auslegung vollziehen, ist ein Parlament grundsätzlich besser legitimiert als ein Gericht; denn der Gesetzgeber trifft seine Entscheidungen unter faktischer Rückbindung an demokratische Kontrollen und insbesondere in Auseinandersetzung mit der öffentlichen Meinung, wie dies für die Wahl und Abgrenzung rechtspolitisch-legislatorischer Ziele erforderlich erscheint. Wenn ein Gericht in Auslegungsfragen, die ernstlich zweifelhaft sind, die vertretbare Verfassungsauslegung des Gesetzgebers verwirft und seine eigene, auch nicht gewissere Auslegung zum verbindlichen Maßstab erhebt, verläßt es zudem die unangreifbare Position einer Instanz, über deren Entscheidungen man „verständigerweise nicht streiten kann". Es riskiert dann, in den politischen Tageskampf hereingezogen, auf seine vorrangige demokratische Legitimation und sozialethische Urteilskraft befragt und insgesamt politisiert zu werden.

Literaturnachweise in: K. Stern, Das Staatsrecht der Bundesrepublik, Bd. I, 2. Aufl. 1984, § 20.

IV. Grundpflichten

Für die Staatstheorie der Aufklärungszeit hatte es sich von selbst verstanden, daß den unverfügbaren Grundrechten bestimmte Grundpflichten, also elementare Bürgerpflichten, gegenüberstehen. Man dachte in den Begriffen des Gesellschaftsvertrages, konstruierte also die staatliche Gemeinschaft aus Rechten und Pflichten. So finden wir insbesondere in den Naturrechtslehren eines Grotius, Pufendorf, Thomasius und Christian Wolff auch Lehren über die natürlichen Pflichten der Menschen (Zippelius, Geschichte der Staatsideen, [9]1994, Kap. 15). Carl Gottlieb Svarez begann seinen „Unterricht für das Volk über die Gesetze" (1793) mit einem Kapitel über „Allgemeine Rechte und Pflichten der Bürger des Staates" und unterschied Pflichten gegen den Staat und Pflichten gegen die Mitbürger. Zu jenen zählte er insbesondere die Pflichten zum Gesetzesgehorsam und zur Entrichtung öffentlicher Abgaben.

Der Gedanke der Bürgerpflichten ist in den westlichen Demokratien vielfach verblaßt (die Schweiz und die USA bilden hier eine Ausnahme). Nur zögernd breitet sich wieder die Einsicht aus, daß ein Staat auf Dauer nur dann als freiheitlicher Staat bestehen kann, wenn seine Bürger ihre Treuepflicht gegenüber der Verfassung und den Gesetzen erfüllen; daß in jeder Gemeinschaft die Freiheit der Bürger und deren Bereitschaft, sich in die Ordnung zu fügen, zusammengehören.

Das Grundgesetz statuiert eine Pflicht zur Verfassungstreue ausdrücklich nur für Beamte (Art. 33 Abs. 4) und für die Lehre (Art. 5 Abs. 3 Satz 2).

Daneben sieht es die Möglichkeit vor, Bürger nach Maßgabe der Gesetze zu Leistungen heranzuziehen, die für die Gemeinschaft wichtig sind. Zu den elementaren Pflichten der Bürger gegenüber der Gemeinschaft gehörte von alters her die Pflicht, in Notfällen und zur Abwehr gemeiner Gefahr der Gemeinschaft zur Verfügung zu stehen. Auch heute noch können Bürger „im Rahmen einer herkömmlichen, allgemeinen, für alle gleichen öffentlichen Dienstleistungspflicht“ (Art. 12 Abs. 2 GG) z.B. zu Feuerwehr, Wasserwehr oder Deichpflicht herangezogen werden, doch wird zunehmend die Erfüllung solcher Aufgaben nur noch durch Abgaben der Bürger finanziert. Eine bedeutende Pflicht, der Gemeinschaft zu dienen, ist die Wehrpflicht (Art. 12a GG). In Landesverfassungen ist darüber hinaus verschiedentlich eine Bürgerpflicht zur Übernahme von Ehrenämtern (etwa als Vormund oder Schöffe) vorgesehen. Im modernen „Steuerstaat“, dessen Daseinsvorsorge und Verteilungsaufgabe hauptsächlich mittels der Steuern funktioniert, wird nicht zuletzt durch das Abgabenrecht (Art. 105f. GG) der Bürger in das staatliche Pflichtengefüge eingebunden. Im Rechtsstaat bedarf die Auferlegung all solcher Leistungspflichten aber gesetzlicher Konkretisierung; diese leben also – wie das Bundesverfassungsgericht es für das Steuerrecht formuliert hat – „aus dem Diktum des Gesetzgebers“ (BVerfGE 13, 328).

Literaturnachweise in: Th. Maunz, R. Zippelius, Deutsches Staatsrecht, 29. Aufl. 1994, § 22.

V. Sozialstaatlichkeit

Die dritte der großen Parolen der Französischen Revolution, die „fraternité“, gelangte in unserer Zeit unter dem Namen der Sozialstaatlichkeit zu voller Entfaltung. Schon zuvor war die soziale Daseinsvorsorge durch das Sozialversicherungsrecht, andere Schutzgesetze für Arbeitnehmer und das allgemeine Fürsorgerecht angebahnt und die Sozialbindung des Eigentums sogar zum Verfassungsgrundsatz erhoben worden (s.o. §§ 24 II 3, 25 II 3).

Der Sozialstaatsgedanke beeinflußte zugleich das Verständnis von „Freiheit“ und „Gleichheit“ und schärfte das Bewußtsein dafür, daß Freiheit nur dort besteht, wo auch die realen Bedingungen für eine freie Entfaltung der Persönlichkeit gegeben sind, und daß mit der Gleichheit auch soziale Gerechtigkeit gefordert wird, daß insbesondere die faktischen Chancen für den Zugang zu Beruf und Erwerb gleichmäßig zu verteilen sind und auch eine zwar nicht egalitäre, aber ausgewogene Verteilung des Volksvermögens Ziel einer verständigen Politik sein muß.

Das Bundesverfassungsgericht hat für die Entfaltung des Sozialstaatsprinzips radikale Lösungen abgelehnt und die Linie der Sozialpolitik – man könnte sagen: im Sinne des Popperschen „piecemeal engineering" – wie folgt vorgezeichnet: Das Grundgesetz sanktioniere nicht die historisch gewordenen gesellschaftlichen Verhältnisse. Es lehne sie aber auch nicht grundsätzlich und im ganzen ab. Vielmehr gehe es davon aus, daß sie verbesserungsfähig und verbesserungsbedürftig seien. Das leitende Prinzip sei hierbei der Fortschritt zu sozialer Gerechtigkeit. In ständiger Auseinandersetzung aller an der Gestaltung des sozialen Lebens beteiligten Menschen und Gruppen werde ermittelt, was jeweils praktisch zu geschehen habe. Ziel sei Ausgleich und Schonung der Interessen aller, eine annähernd gleichmäßige Förderung des Wohles aller Bürger und eine annähernd gleichmäßige Verteilung der Lasten. Das Sozialstaatsprinzip solle schädliche Auswirkungen schrankenloser Freiheit verhindern und die Gleichheit fortschreitend bis zu dem vernünftigerweise zu fordernden Maß verwirklichen (BVerfGE 5, 198; 36, 84; 40, 133f.).

Dieser Auftrag wendet sich als Richtlinie vor allem an den Gesetzgeber (BVerfGE 50, 107f.), er bildet aber auch eine Richtschnur für das Verwaltungsermessen und für die Gesetzesauslegung; so sind z.B. grob unsoziale Rechtsgeschäfte im Lichte dieser Verfassungsentscheidung sittenwidrig und daher nichtig (BAGE 1, 132f.). Andererseits ist dieses Prinzip zu unbestimmt, um ihm eine exakt formulierbare Pflicht zu bestimmten sozialen Reformen entnehmen zu können. Art und Ausmaß sozialstaatlicher Maßnahmen hängen stets von den sich wandelnden Bedürfnissen und den wechselnden Ressourcen ab, so daß die konkrete Ausgestaltung der Sozialstaatlichkeit dem offenen Prozeß demokratischer Willensbildung überlassen bleiben muß (BVerfGE 59, 263; 65, 193).

Damit ist auch schon zu dem viel diskutierten Problem der sozialen Grundrechte und der Teilhabe an staatlichen Leistungen

Stellung genommen: In einem Staat, der weder unbegrenzte Ressourcen noch die Verfügungsgewalt über Volksvermögen, Arbeitsplätze und Wohnungen hat, kann man das Sozialstaatsgebot nicht kurzerhand in Ansprüche gegen den Staat auf Arbeitsplatz, angemessene Wohnung und andere Leistungen ausmünzen. Wo aber ein staatliches Leistungsangebot, etwa in Gestalt von Bildungseinrichtungen, schon besteht, ist jedem nach Maßgabe des – sachgerecht differenzierenden – Gleichheitssatzes der Zugang zu diesen Leistungsangeboten eröffnet.

Ein Sozialgesetzbuch (SGB) sucht die verschiedenen Zweige der Sozialleistungen zusammenzuführen und sie zu kodifizieren. Zu ihnen gehören die Ausbildungs- und Arbeitsförderung, die Sozialversicherung, die Kriegsopfer- und Soldatenversorgung und vergleichbare Versorgungsfälle, die Minderung des Aufwandes für Kinder, Zuschüsse für eine angemessene Wohnung, die Jugendhilfe und die Hilfe zur Eingliederung Behinderter (§§ 3–10 Allg. Teil des SGB vom 11. 12. 1975).

Eine nähere Ausgestaltung findet das Sozialstaatsprinzip auch in der Sozialbindung des Eigentums (Art. 14 Abs. 2 GG); so sind die Interessen der Eigentümer an privater Nutzung und Verfügung und die entgegenstehenden Interessen an sozialer Rücksichtnahme zu einem gerechten Ausgleich zu bringen (BVerfGE 71, 246 f.). Auf dieser Grundlage wurde z. B. das Mietrecht sozial ausgestaltet (BVerfGE 68, 367 f.) und eine neue Form betrieblicher Mitbestimmung der Arbeitnehmer eingeführt (BVerfGE 50, 339 ff.).

Literaturnachweise in: K. Stern, Das Staatsrecht der Bundesrepublik, Bd. I, 2. Aufl. 1984, § 21.

VI. Europäische Integration

Nach dem Zweiten Weltkrieg suchte man in Europa nach neuen Formen internationalen Zusammenwirkens. Montanunion, Europäische Atomgemeinschaft und Europäische Wirtschaftsgemeinschaft sollten wirtschaftliche Zusammenarbeit erleichtern und – zur Friedenssicherung – Interdependenzen schaffen.

Sie sollten zugleich Wegbereiter einer weitergehenden Integration sein.

Die Entscheidung des Art. 24 GG für internationale Zusammenarbeit bedeutet die Abkehr von einer Auffassung, die den Staat als geschlossenes System von Hoheitsrechten begriff, und die Hinwendung zu einem Modell internationaler Interdependenzen der Staaten. Durch die Errichtung der Europäischen Gemeinschaften ist nach Ansicht des Bundesverfassungsgerichts „eine neue öffentliche Gewalt entstanden, die gegenüber der Staatsgewalt der einzelnen Mitgliedstaaten selbständig und unabhängig ist; ihre Akte brauchen daher von den Mitgliedstaaten weder bestätigt ... zu werden, noch können sie von ihnen aufgehoben werden" (BVerfGE 22, 296).

Inzwischen ist ein breites Feld europäischen Gemeinschaftsrechts mit unmittelbar innerstaatlicher Verbindlichkeit entstanden. Die Europäische Gemeinschaft entwickelt sich fortschreitend zu einem föderativen Gebilde. Für die Bundesrepublik entstand so das Problem eines „mehrstufigen Föderalismus": Es gilt, den Bundesländern angemessene Funktionen zu sichern und hierbei das Subsidiaritätsprinzip zu verwirklichen (Art. 3b des EG-Vertrages), zugleich aber die Handlungsfähigkeit des Bundes auf europäischer Ebene zu wahren. Diesen schwierigen Interessenausgleich zu finden, unternimmt der neugefaßte Art. 23 GG, der die Mitwirkung des Bundesrates und damit der Bundesländer in europäischen Angelegenheiten stärkt.

Das Fernziel der europäischen Integration wird unterschiedlich bestimmt. Die einen streben die Schaffung eines europäischen Bundesstaates an. Demgegenüber tendieren andere mehr zu einem Staatenbund, zu einem „Europa der Vaterländer", die ihre Souveränität und insbesondere ein Vetorecht gegen solche Mehrheitsbeschlüsse der Gemeinschaftsorgane behalten sollten, durch die sich die Mitgliedstaaten in „vitalen Interessen" betroffen fühlen. Gegner einer „Bundesstaatslösung" weisen auf die Hindernisse hin, die einer allzu starken Integration im Wege stehen. Insbesondere erscheint es als schwierig, die Gemeinschaftsorgane einer vielsprachigen, multinationalen Völkergemeinschaft wirksam an eine hinreichend „ausdiskutierte" öffentliche Meinung zu binden, wie das dem Ideal einer lebendigen Demokratie entspräche. Auch die beträchtlichen strukturellen und kulturellen Unterschiede, die zwischen manchen europäischen Staaten bestehen, zählen zu den Hindernissen.

Trotzdem scheint der Weg zunächst in Richtung auf eine noch fortschreitende europäische Integration zu weisen. Europäische Politik wird zunehmend zu europäischer Innenpolitik, die auch die Verfassungen der beteiligten Staaten, zumal deren „Verfassung im materiellen Sinn" verändert.

Es sind aber auch Grenzen dieser Entwicklung sichtbar geworden: Grenzen der Integrationsfähigkeit politischer Gemeinwesen mit je einer eigenen, in Jahrhunderten gewachsenen Kultur, nicht zuletzt einer eigenen Sprache, und einem eigenen nationalen Selbstbewußtsein. Die erreichte föderative Balance zwischen einer politischen Eigenständigkeit der Mitgliedstaaten einerseits und einem vielfältigen, institutionalisierten Zusammenwirken andererseits bringt die Chance mit sich, daß rationale Kompromisse zwischen den nationalen Interessen ausgehandelt werden, die von den beteiligten Nationen akzeptiert werden, weil für sie – jedenfalls in der großen Linie – eine demokratische Legitimation auf nationaler Ebene eingeholt werden muß. Fänden hingegen in Fragen, die für lebenswichtig gehalten werden, demokratische Majorisierungen auf europäischer Ebene statt, so bräche die Gemeinschaft wohl früher oder später auseinander.

Dieser historisch-politischen Diagnose entspricht auch die bestehende Rechtslage: „Jedes der Staatsvölker ist Ausgangspunkt für eine auf es selbst bezogene Staatsgewalt. Die Staaten bedürfen hinreichend bedeutsamer eigener Aufgabenfelder, auf denen sich das jeweilige Staatsvolk in einem von ihm legitimierten und gesteuerten Prozeß politischer Willensbildung entfalten und artikulieren kann, um so dem, was es – relativ homogen – geistig, sozial und politisch verbindet . . ., rechtlichen Ausdruck zu geben" (BVerfGE 89, 186).

Literaturnachweise in: Th. Oppermann, Europarecht, 1991; *M. Schweitzer,* Staatsrecht III, 6. Aufl. 1997.

Abkürzungsverzeichnis und Literaturauswahl

Boldt	H. Boldt, Deutsche Verfassungsgeschichte, Bd. I 3. Aufl. 1994, Bd. II 2. Aufl. 1993
Botzenhart	M. Botzenhart, Deutsche Verfassungsgeschichte 1806–1949, 1993
Brunner	H. Brunner, Deutsche Rechtsgeschichte, Bd. I 2. Aufl. 1906, Bd. II 2. Aufl. 1928
Conrad	H. Conrad, Deutsche Rechtsgeschichte, Bd. I 2. Aufl. 1962, Bd. II 1966
ders., Staat	H. Conrad, Der deutsche Staat, 2. Aufl. 1974
Duchhardt	H. Duchhardt, Deutsche Verfassungsgeschichte 1495–1806, 1991
Eisenhardt	U. Eisenhardt, Deutsche Rechtsgeschichte, 2. Aufl. 1995
Feine	H. E. Feine, Kirchliche Rechtsgeschichte, 1955
Fenske	H. Fenske, Deutsche Verfassungsgeschichte, Vom Norddeutschen Bund bis heute, 4. Aufl. 1993
Forsthoff	E. Forsthoff, Deutsche Verfassungsgeschichte der Neuzeit, 4. Aufl. 1972
Friedberg	E. Friedberg, Lehrbuch des katholischen und evangelischen Kirchenrechts, 6. Aufl. 1909
Frotscher/Pieroth	W. Frotscher, B. Pieroth, Verfassungsgeschichte, 1997
Hartung	F. Hartung, Deutsche Verfassungsgeschichte vom 15. Jahrhunden bis zur Gegenwart, 9. Aufl. 1969
Hoke	R. Hoke, Österreichische und deutsche Rechtsgeschichte, 2. Aufl. 1996
HRG	A. Erler, E. Kaufmann (Hg.), Handwörterbuch zur deutschen Rechtsgeschichte, 1974ff.
Huber	E. R. Huber, Deutsche Verfassungsgeschichte seit 1789, Bd. I–VII 1957ff., Bd. I und IV in 2. Aufl. 1975 und 1982, Bd. II und III in 3. Aufl. 1988
Kimminich	O. Kimminich, Deutsche Verfassungsgeschichte, 2. Aufl. 1987
Kröger I	K. Kröger, Einführung in die jüngere deutsche Verfassungsgeschichte (1806–1933), 1988
Kröger II	K. Kröger, Einführung in die Verfassungsgeschichte der Bundesrepublik Deutschland, 1993

Kroeschell	K. Kroeschell, Deutsche Rechtsgeschichte, Bd. I 10. Aufl. 1992, Bd. II 8. Aufl. 1992, Bd. III 2. Aufl. 1993
Laufs	A. Laufs, Rechtsentwicklungen in Deutschland, 5. Aufl. 1996
Meister	A. Meister, Deutsche Verfassungsgeschichte, 3. Aufl. 1922
Menger	Ch. E. Menger, Deutsche Verfassungsgeschichte der Neuzeit, 7. Aufl. 1990
Mitteis/Lieberich	H. Mitteis, H. Lieberich, Deutsche Rechtsgeschichte, 19. Aufl. 1992
Neuhaus	H. Neuhaus, Das Reich in der frühen Neuzeit, 1997
Planitz/Eckhardt	H. Planitz, K. A. Eckhardt, Deutsche Rechtsgeschichte, 2. Aufl. 1961
Scheyhing	R. Scheyhing, Deutsche Verfassungsgeschichte der Neuzeit, 1968
Schröder/v. Künßberg	R. Schröder, E. Frhr. v. Künßberg, Lehrbuch der deutschen Rechtsgeschichte, 7. Aufl. 1932
Schulze	H. K. Schulze, Grundstrukturen der Verfassung im Mittelalter, Bd. I 3. Aufl. 1995, Bd. II 2. Aufl. 1992, Bd. III angekündigt
v. Schwerin/Thieme	Cl. Frhr. v. Schwerin, H. Thieme, Grundzüge der deutschen Rechtsgeschichte, 4. Aufl. 1950
Sprandel	R. Sprandel, Verfassung und Gesellschaft im Mittelalter, 5. Aufl. 1995
VerwGesch	K. G. A. Jeserich, H. Pohl, G. Ch. v. Unruh (Hg.), Deutsche Verwaltungsgeschichte, Bd. I–V 1983 ff.
Waitz	G. Waitz, Deutsche Verfassungsgeschichte, 8 Bde., zuletzt 1874/85, Neudruck 1953/55
Willoweit	D. Willoweit, Deutsche Verfassungsgeschichte, 3. Aufl. 1997

Quellensammlungen

Buschmann	A. Buschmann, Kaiser und Reich, 2. Aufl. 1994
DG	Deutsche Geschichte in Quellen und Darstellung, Reclam 1995 ff.
Hofmann	H. H. Hofmann, Quellen zum Verfassungsorganismus des Heiligen Römischen Reiches Deutscher Nation, 1976
Huber	E. R. Huber, Dokumente zur deutschen Verfassungsgeschichte, 3. Aufl. 1978/1990
Kreikamp	H.-D. Kreikamp, Quellen zur staatlichen Neuordnung Deutschlands 1945–1949, 1994
v. Münch	I. v. Münch, Dokumente des geteilten Deutschlands, Bd. I 1968, Bd. II 1974
Rauschning	D. Rauschning, Rechtsstellung Deutschlands, 1985
Stern/Schmidt-Bleibtreu	K. Stern, B. Schmidt-Bleibtreu, Verträge und Rechtsakte zur deutschen Einheit, Bde. I und II 1990, Bd. III 1991
Weinrich I	L. Weinrich, Quellen zur deutschen Verfassungs-, Wirtschafts- und Sozialgeschichte bis 1250, 1977
Weinrich II	L. Weinrich, Quellen zur Verfassungsgeschichte des Römisch-Deutschen Reiches im Spätmittelalter, 1983
Zeumer	K. Zeumer, Quellensammlung zur Deutschen Reichsverfassung, 2. Aufl. 1913

Sachverzeichnis

Die Zahlen verweisen auf die Paragraphen